방촌 황희의
삶과 시

borim
도서출판 snp

시작하는 말

　조선조 최대의 명군은 세종대왕이며 그를 도와 국가 기틀을 확실히 잡아가게 한 인물을 꼽으라면 이는 다름 아닌 방촌 황희이다. 그는 조선 건국 초기 태종 통치의 충실한 조력자 역할을 훌륭히 수행하였으며, 또한 세종시대 선정의 완벽한 협력자로 18년간의 영의정직에서 치사致仕하여 별세에 이르기까지 근 70여 년간 이끌고 다듬었던 노력과 성과는 조선조 500년간의 굳건한 기반이 되었음은 누구도 부인할 수 없는 역사적 진실이다.

　그러나 방촌의 태종대에 육조판서를 두루 경험하고 재상까지 역임한 정치적 역할의 중요성과 또한 세종 재위 내내 그토록 방촌을 신임하여 끝까지 중용하였는지를 포함하여 그가 지닌 능력과 인품을 파악하여 역사상 최고의 재상으로 평가되고 있는지를 정확히 인식하고 있는 사람 또한 매우 드문 것도 주지의 사실이다.

　조선왕조실록이 한글로 완역되어 인터넷으로 손쉽게 접근할 수 있는 오늘이 되었지만 그러한 상황을 종합적으로 이해하여 지금의 이토록 어지러운 세상을 바로잡아나갈 귀중한 지혜를 찾고 그러한 역사상의 인물을 현창顯彰하기보다는 '아니면 말고' 식의 잘못된 허구 또는 흥미위주의 단말적인 내용까지 지어내는 엉터리기자까지 존재하고 있는 가슴 아픈 현실이다.

　다행히 2013년 방촌황희연구원이 발족하여 방촌사상에 대한 학술대회를 지속하고 있으며 연구총서를 매년 발간하여 오고 있다. 또한 파주시와 파주문화원 주최 방촌황희문화제가 매년 개최되어 오고 있다.

필자는 이러한 환경 속에서 방촌이 남긴 한글 시조 6수와 한시 17수에 대한 학문적 연구와 종합적 검토가 매우 미미한 현실을 안타깝게 생각하는 한사람으로서 이를 종합적으로 분석해 방촌의 삶을 새로운 시각에서 조명되어야 한다는 생각을 오래 전부터 지니고 있었다.

　그러나 이에 대한 관련 자료가 너무도 부족하고 스스로의 학문적 토대도 미약하여 오히려 방촌 연구에 누累가될까 주저되는 것이 솔직한 심정이다. 그러나 이를 계기로 더 많은 연구가 확산될 수 있으리라는 소망과 작은 디딤돌이라도 될 수 있으리라는 장기적 관점에서 본 졸저를 내놓는다.

　당연히 많은 분들의 지적과 조언을 귀중하게 받고자하며, 집필에 있어 후손이라는 주관적인 면이 작용하지 않도록 노력하였으며 추정을 필요로 하는 내용에 있어서도 객관적인 자료에 의하도록 각별히 유념하였음을 밝혀둔다.

2020년 9월
사목 황 인 천 삼가 씀

추천의 글

황인천 교수의 《방촌 황희의 삶과 시》 발간을 전국의 20만 장수황씨 종친과 더불어 축하드립니다.

조선조朝鮮朝 명군名君 세종대왕을 도와 건국초기 국가기반을 튼튼히 다지고 찬란한 문화를 꽃피울 수 있도록 뒷받침을 하신 분이 바로 우리 장수황씨의 선조님이신 익성공翼成公 방촌厖村 황희黃喜 정승이십니다. 방촌 선조님은 70여년의 공직 생활 중 6조 판서를 두루 거치고 24년을 정승에 임하셨으며 최고위직最高位職인 영의정직領議政職에서도 18년 동안 재임하셨습니다. 그분의 업무처리가 공명정대公明正大할뿐만 아니라 청렴결백清廉潔白하시었기에 여러 부처에 두루 등용登用되셨고 이런 풍부한 경험이 의정부議政府에서 국가를 장기간 종합적으로 운영하실 수 있었으며 조선조朝鮮朝 3대 청백리清白吏 중에서도 으뜸으로 평가받을 수 있었을 것입니다.

저자는 방촌 황희 선조님의 삶을 시대별로 나누어 조망眺望하고 업적을 도출導出하였습니다. 또한 방촌의 시詩와 방촌과 관련 된 시를 발굴하여 학문적으로 분석하였고 문화적 가치도 탐구探究하였습니다. 방촌 선조님께서는 이렇게 장기간 국정에 임하면서도 틈틈이 시조時調와 한시漢詩를 지으시면서 시인묵객詩人墨客으로써도 유감없는 문재文才를 떨치셨습니다. 당시 한글을 언문諺文이라 하여 업신여길 때 순수한 한글만으로 아름다운 시조를 지으심으로써 한글의 우수성을 몸소 실천하여 널리 알리셨습니다.

저자는 이 책에 방촌이 지으신 시조 6수와 한시 17수를 싣고 현대문으로 번역하고 '이해와 해설'을 통해 학문적인 연구와 종합적인 분석을 하려고 노력한 흔적이 여실히 묻어나고 있습니다. 독자들이 큰 어려움 없이 이 책을 읽을 수 있도록 하는데 크게 애쓴 흔적이 곳곳에서 나타납니다. 저자는 방촌의 시를 찾아 《방촌선생문집》뿐만 아니라 《조선왕조실록》《청구영언》《동국여지승람》《동문선》 등의 고서古書와 방촌선조의 시와 관련 있는 가승家乘까지도 찾아서 상세하게 해설하였습니다. 또한 평소 방촌이 좋아했던 맹교孟郊의 송유순送柳淳과 중국인들의 대표적 애송시愛誦詩인 유자음遊子吟을 찾아 수록함은 저자의 부지런함의 산물産物입니다.

이렇게 훌륭한 연구 성과를 공유하기 위하여 이 저서를 집필하여 장수황씨 종친뿐만 아니라 이 시대를 살아가는 문화인들에게도 고귀한 지식을 나누어 가질 수 있도록 배려해주신데 대하여 감사의 말씀드립니다. 본 서書를 편찬해 주신 황인천 박사는 외환은행에서 오랫동안 근무한 정통 뱅커Banker입니다. 외환은행에 근무하면서 연수원장, 런던지점장 등의 요직을 두루 거쳤습니다. 외환은행을 퇴임한 후에는 경복대학교 경영학부 교수로 후학을 가르치고 있는 학자입니다. 또한 저자가 방촌 황희 선생의 후손이기에 이 책이 갖는 의미가 남다를 것입니다. 역사와 문학에 관심이 있는 현대인이라면 일독을 권하여 봅니다.

2020년 9월
장수황씨대종회 회장 황 장 효 경영학박사

추천의 글

《방촌 황희의 삶과 시》 저서 출간을 진심으로 축하합니다.

무엇보다 옛 고문서들은 대부분 한자로 되어 있어서 번역을 해야 하는 작업에 조선왕조실록을 비롯하여 고증을 위한 자료를 찾아 모으는 일들이 모두 지난至難한 과정이었을 터인데, 이를 무릅쓰고 한권의 옥서玉書로 탄생시켰음에 깊은 존경을 드립니다.

공자孔子는 말하길 '배우기만하고 생각하지 않으면 확실한 지식의 가치가 없고, 반대로 생각만 하고 배우고 실천하지 않으면 독단에 빠지기 쉽다.' 하였습니다.

더욱이 저자著者는 직접 전공하지도 않은 분야를 각고의 노력으로 훌륭한 작품으로 세상에 드러내 보이신 열정에 다시금 찬사를 보냅니다.

이미 방촌 황희선생의 정치, 경제, 외교 등 70여년의 관직생활은 많은 자료를 통하여 익히 알고 있지만, 삶 속에서 방촌의 시詩를 발견함은 또다른 방촌의 모습을 느낄 수 있는 매우 귀중한 저서가 될 것 같습니다.

시詩란 무엇이던가요. 사람의 마음을 함축적으로 표현한 것이 아닐까요.

더욱이 한시漢詩란 방촌이 사시던 그 시대의 상황과 인간 세상의 희로애락喜怒哀樂이 담겨있을 것 같아 더욱 값진 작품으로 보입니다.

문화는 삶을 담는 그릇이라 했던가요.

방촌 문학 세계를 통해 그 당시의 삶을 엿 볼 수 있는 아주 귀중한 자료로도 널리 활용되었으면 좋을 것 같습니다.

방촌 선생은 위로는 임금을 섬기고 아래로는 오직 백성만을 생각한 70여년의 공직생활은 충신忠臣중에 충신이었습니다. 임금 다음 조정의 2인자로 18년간의 긴 시간을 영의정으로 국정을 보필하는 동안 청렴한 생활, 매사에 공평무사한 처리, 무엇 보다 방촌 본인을 중심으로 정치세력화 하지 않고, 오직 백성만을 생각하는 생활 속에서 주변의 시기 모함으로 많은 어려움을 겪어 오셨음을 우리는 잘 압니다. 후일 바로 잡혔지만 잘못된 사초史草로 방촌 삶에 옥에 티로 보여 지는 점은 역사가들뿐만 아니라, 우리 모두에게도 확실하게 인식되도록 바로잡아 가야 할 과제입니다.

부디《방촌 황희의 삶과 시》가 많이 보급되어 널리 읽혀지는 기회가 되길 진심으로 기대합니다.

2020년 9월
(사)방촌황희연구원 이사장 황 의 옥

목차

제1장
방촌 황희 연보

방촌 황희 기념관(반구정내)

방촌 황희 연보年譜[1]

• 1363년 (공민왕 12년, 출생)

　2월 10일, 송경松京 가조리加助里[2] 에서 황군서[3] 의 아들로 탄생하다.

• 1376년 (우왕 2년, 14세)

　음서제[4] 로 복안궁福安宮 녹사錄事에 제수되다.

• 1379년 (우왕 5년, 17세)

　판사복시사 최안의 딸과 혼인하다.

• 1383년 (우왕 9년, 21세)

　사마시에 합격하다.

• 1385년 (우왕 11년, 23세)

　진사시에 합격하다.

• 1386년 (우왕 12년, 24세)

　최씨 부인이 세상을 떠나다.

• • • •

1) 방촌 황희 연보는 『방촌황희선생문집』(2001 1980)을 기본 참고자료로 작성되었으며, 시조 및 한시 대부분도 문집에 기재된 내용을 참조하였다. (참조 또는 인용 시 '문집'으로 통일)

2) 방촌의 출생지인 송경松京 가조리可助里는 현재 황해도 금천군金川君 토산면兎山面 행정리杏亭里 방촌동厖村洞에 해당하며, 아호 방촌도 이곳 지명에서 얻어진 것으로 보인다. (문집 2001 772쪽)

3) 부친 의정공 황군서(1328~1402)는 고려 충숙왕 15년 무진 생으로 태종 2년 75세에 별세하여 장단군 마근곡에 장사지냈다. 조행이 단정하고 전고에 익숙했으며 사리에 밝은 일대 명신이었고 뒤에 의정부 좌의정에 추증되었다. 삼남 황수신이 세조 때 영의정에 올라 부자가 영의정에 오른 조선조 유일의 가문이다.

4) 음서제蔭署制 과거에 의하지 않고 부조父祖의 공으로 얻어하는 벼슬

• 1388년 (우왕 14년, 26세)

  공조전서 양진의 딸 청주 양씨와 재혼하다.

• 1389년 (공양왕 원년, 27세)

  문과 제14인으로 급제하다.

• 1390년 (공양왕 2년, 28세)

  성균관 학관에 보임되다.

• 1392년 (태조 원년, 30세)

  태조가 경명행수지사經明行修之士[5] 로서 세자우정자에 임명하다.

• 1395년 (태조 4년, 33세)

  직예문 춘추관에서 사헌 감찰, 우습유로 옮겨 가다.

• 1397년 (태조 6년, 35세)

  장자 황치신 태어나다.

  11월 29일, 선공감 정란의 기복첩起復貼[6] 에 서경署經[7] 하지 않다가 습유
  직을 파면당하다.

• 1398년 (태조 7년, 36세)

  3월 7일, 정자 우습유로서 강은과 민안인을 탄핵하다.

  7월 5일, 순릉과 경안백 능실의 화려함을 비난하여 경원 교수관으로
  좌천되다.

· · · ·

5) 경명행수지사經明行修之士 경전經傳에 밝고 조행操行이 단정한 선생

6) 기복첩起復帖 부모의 상중에 벼슬을 주는 임명장

7) 서경署經 벼슬을 임명할 때에 성명 문벌 이력 등을 갖추어 대간에게 가부를 구하던 일

- **1399년 (정종 원년, 37세)**

  1월 10일, 습유로 불려 올라왔으나 언사言事로 파직되었다가 우보궐에 임명되다.

  9월 10일, 보궐에서 면직되다.

- **1400년 (정종 2년, 38세)**

  다시 기용되어 경기감사를 보좌했고 형조 예조 이조 병조의 정랑을 역임하였는데 이르는 곳 마다 유능하다는 평판이 나돌았다.

- **1401년 (태종 원년, 39세)**

  9월 21일, 도평의사경력으로 임금의 분부에 따라 명나라 사신을 후대 하다.

  차자 황보신 출생하다.

- **1402년 (태종 2년, 40세)**

  3월 22일, 아버지 판강릉대도호부사 황군서 졸하다.

  기복출사起復出仕[8] 되어 대호군大護軍에 임명되고 승추부경력을 겸임하다.

- **1404년 (태종 4년, 42세)**

  10월 23일, 박석명의 추천으로 우사간대부에 승진하다.

- **1405년 (태종 5년, 43세)**

  1월 15일, 좌부대언에 임명되다.

  7월 17일, 이조정랑 하연河演을 논핵論劾하다.

  12월 6일, 박석명의 추천으로 지신사知申事가 되다.

- **1406년 (태종 6년, 44세)**

  5월 15일, 명나라 사신 황엄을 전송하다.

• • • •

8) 기복출사起復出仕 무신이 백일 만에 부모의 상중에 나와 벼슬 하는 것

5월 27일, 내불당 짓는 것을 반대하다.

8월 18일, 임금이 세자 이제에게 선위코자 함으로 대신들의 반대 의견을 아뢰어 명을 거두게 하다.

•1407년 (태종 7년, 45세)

1월 19일, 삼남 황수신 출생하다.

9월 25일, 밀지密旨를 받아 이숙번 이운 조영무 유량 등과 함께 민무구 민무질을 제거하다.

11월 11일, 하륜河崙에게 전지傳旨해 민씨들 직첩을 거두고 목숨만 부지 케하다.

•1408년 (태종 8년, 46세)

1월 29일, 생원시관生員試官을 사양하다.

8월 18일, 판사 박유손 일로 지신사 사임을 요청하나 윤허하지 않았다.

12월 5일, 조대림 사건에 걸린 조용을 구제하다.

12월 11일, 대사헌 맹사성, 우정언 박안신을 구원하다.

•1409년 (태종 9년, 47세)

8월 10일, 참지의정부사가 되다.

12월 6일, 형조판서가 되다.

•1410년 (태종 10년, 48세)

2월13일, 지의정부사知義政府事가 되다.

4월 18일, 이천우, 조영무 등과 더불어 오랑캐 침입에 대한 대책을 논의하다.

7월 6일, 사헌부 대사헌이 되다.

10월 26일, 종상법種桑法을 장려할 것을 청하다.

• 1411년 (태종 11년, 49세)

　7월 20일, 병조판서가 되다.

　8월 29일, 사은사謝恩使로 명나라에 가다.

• 1412년 (태종 12년, 50세)

　4월 14일, 경제육전을 개정해 올리다.

　9월 24일, 내구마內廏馬⁹⁾ 1필을 하사받다.

　10월 26일, 선원록, 종친록, 유부록을 만들다.

　9월 24일, 태종이 황치신의 이름을 동董으로 지어 주다.

• 1413년 (태종 13년, 51세)

　3월 23일, 태조실록을 개수할 것을 청하다.

　4월 7일, 예조판서가 되다.

　9월 3일, 성균관을 수리하고 식당 신축을 건의하다.

• 1414년 (태종 14년, 52세)

　2월 13일, 병으로 예조판서직을 사직하다.

　3월 6일, 방촌의 병을 고쳐 준 내의 양홍달과 조청에게 태종이 저화
　　　　　각 100장씩을 주다.

　5월 18일, 의정부 찬성사가 되다.

　6월 12일, 다시 예조판서가 되다.

　8월 7일, 왜를 막을 방책을 의논하다.

　9월 12일, 월령도月令圖¹⁰⁾ 를 개수하도록 청하다.

　10월 17일, 관청에 출근하지 않은 관리를 파면시키는 규정을 세우다.

‥‥‥‥

9) 내구마內廏馬 예전에 임금의 나들이에 쓰기 위해 임금의 말과 수레를 관리하던 관아에서 기르던 말

10) 월령도 한 해 동안에 행해지는 정례의 정사, 의식, 농가 행사 등을 다달이 구별하여 기록해 두던 표

- 1415년 (태종 15년, 53세)

5월 17일, 이조판서가 되다.

6월 19일, 이조판서 황희와 호조판서 심온의 벼슬을 파면하다.

11월 7일, 의정부 참찬이 되다.

12월 28일, 호조판서가 되다.

- 1416년 (태종 16년, 54세)

3월 16일, 다시 이조판서가 되다.

6월 22일, 하륜이 심온과 황희를 간사한 소인이라고 폄하하는 글을
올리니 임금이 실망의 뜻을 두다.

7월 18일, 공신의 자제를 서용하는 법을 올려 승인 받다.

11월 2일, 세자의 실덕失德을 변호하다가 공조판서로 좌천되다.

12월 25일, 사헌부에서 죄를 청하다.

- 1417년 (태종 17년, 55세)

2월 22일, 외직인 평안도 도순문사 겸 평양윤으로 나가다.

6월 29일, 명나라 사신 황엄에게 평양 빈관에서 잔치를 베풀다.

12월 3일, 형조판서로 재임용되다.

- 1418년 (태종 18년, 56세)

1월 11일, 판한성부사가 되다.

3월 6일, 임금이 불러서 세자와 구종수의 한 일을 묻다.

5월 10일, 박은, 이은 등이 방촌을 국문할 것을 청하다.

5월 10일, 송도 행재소에 붙들려 가서 국문을 받다.

5월 11일, 폐서인 되어 교하로 귀양 가다.

5월 12일, 대간과 형조에서 국문하기를 청하나 윤허하지 않았다.

5월 21일, 형조와 대간에서 국문하기를 청하나 윤허하지 않았다.

5월 27일, 남원부로 귀양 가다.

•1419년 (세종 원년, 57세)

모친을 모시고 남원부에 있었다. 방촌은 "남원에 이르러 문을 닫아 걸고 일체 손님을 사절했으며 비록 동갑의 친구라도 얼굴을 보기 드물었다."고 전한다.[11]

선조서당인 일제서당逸濟書堂을 헐고 광통루廣通樓를 세웠다.

5월 9일, 상왕 태종이 우의정 이원 대사헌 신상을 불러 "황희는 죄가 가볍다"고 이르다.

6월 12일, 대간과 형조에서 번갈아 황희를 죄주기를 청하나 윤허 하지 않았다.

10월 28일, 상왕 태종이 임금을 맞아 대신들에게 주연을 베풀고 "황희는 '세자는 참으로 부덕하나 나라의 후사에 대하여 어찌 감히 간언間들을 올리겠느냐'고 하였으니 그 말에 무슨 죄가 있으리오." 하면서 "다시는 이 일에 대하여 죄를 청하지 말라"고 당부하다.[12]

•1421년 (세종 3년, 59세)

서거정의 필원잡기에 의하면 "익성공은 남원으로 귀양 가서 3년 여월 동안 문을 닫고 단정히 앉아 손님을 사절하고 운서 1질을 가지고 공부에 전심했으니 후일 고령에 이르러서도 자서의 음과 뜻과 변 또는 점획에 있어 하나의 실수함이 없었다."고 하였다.[13]

또한 방촌이 간행하려 하였던 예부운략禮部韻略이 후일 손자 황종형이 청도군수로 와서 간행하게 되었는데 서문을 문인 김맹金孟이 쓴 것이 다음과 같이 전한다. "익성공이 학사로서 시관을 맡아 본지 무려 수십 차례였으나 이 서적이 간결하고도 넓으며 간편하고도 요긴하여 과장科場에

• • • •
11) 문종실록 권12 2년 2월 8일 임신 황희의 졸기기사
12) 세종실록 권1 즉위년 10월 28일 갑진
13) 문집 2001 841쪽

더욱 간절함을 깊이 알아 이를 널리 간행 하려 했으나 이루지 못하고 세상을 떠났다.” [14]

•**1422년 (세종 4년, 60세)**

2월 20일, 남원에서 한양으로 돌아와 직첩을 돌려받다.

2월 22일, 지사간 허성許誠 등이 상소하여 죄줄 것을 청하나 세종이
　　　　　윤허하지 않았다.

3월 18일, 과전을 돌려받다.

5월 10일, 태종이 56세로 승하하다.

10월 13일, 경시서 제조가 되다.

10월 28일, 의정부 참찬이 되다.

•**1423년 (세종 5년, 61세)**

3월 8일, 명나라 사신 유경복과 양선을 맞이하는 원접사가 되다.

5월 27일, 다시 예조판서가 되다.

7월 16일, 강원도 도관찰사가 되어 굶주림을 해결해줘 백성들이
　　　　　한양으로 올라갈 때 소공대를 쌓다.

•**1424년 (세종 6년, 62세)**

2월 5일, 허위 회계기록을 한 도내 수령들을 처벌할 것을 건의하다.

2월 6일, 강원도 지역 백성들의 구황에 관한 장계狀啓를 올리다.

6월 20일, 한양으로 들어와 찬성이 되다.

•**1424년 (세종 7년, 63세)**

3월 1일, 겸대사헌兼大司憲에 전직되다.

• • • •

14) 예부운략 북송 대에 과거 응시용으로 송나라의 운서인 광운을 간략하게 만든 것으로 1037년에
　　간행되었다. 중국 송나라 때 편찬된 시부詩賦(시와 산문을 아울러 이르는 말)를 지을 적에 운을 찾기
　　위하여 만든 운서로 사전의 일종이다. (오기수 백성의 신 황희 2018 고반 111쪽)

3월 20일, 남원부사 이간李偘이 증여한 유지안롱油紙鞍籠 사건[15] 으로
　　　　겸대사헌을 사직하다.

5월 21일, 의정부 찬성사가 되다.

• 1426년 (세종 8년, 64세)

2월 8일, 속육전續六典을 수찬하여 올리다.

3월 17일, 다시 이조판서가 되다.

5월 13일, 우의정으로 승진하다.

• 1427년 (세종 9년, 65세)

1월 25일, 좌의정으로 승진하다.

6월 17일, 한재의 책임을 지고 소를 올려 사직을 요청하나 윤허하지 않았다.
　　　　당일 사위 서달이 신창 아전을 죽인 옥사에 연루되어 의금부에
　　　　가두다.

6월 18일, 맹사성과 같이 보석되다.

6월 21일, 좌의정 직에서 파면되다.

7월 4일, 다시 좌의정에 임명되다.

7월 15일, 어머니가 졸하다. 쌀과 콩 50석, 종이 100권을 하사받다.

10월 7일, 세자가 명나라에 가는 것을 보좌하기 위해 좌의정으로 기복
　　　　출사하다.

10월 28일, 세자가 명나라에 가지 않게 되다. 기복의 명을 거두기를 청하
　　　　였으나 윤허하지 않았다.

11월 27일, 특명을 내려 개소開素[16] 하게 하니 사양하지 못하고 눈물을
　　　　흘리며 고기를 먹다.

• • • •

15) 유지안롱油紙鞍籠 사건 세종 7년 대사헌을 겸하고 있던 방촌이 남원부사로부터 유지안롱(수레나
　　가마 등을 덮는 유지로 만든 우비)을 받았다가 문제가 되자 자수하고 사직하였다. 당시 여러 사람이
　　받았으나 실제로 자수한 사람은 방촌뿐이었다고 한다.

16) 개소開素 소식을 하던 사람이 육식을 시작하는 것

• 1428년 (세종 10년, 66세)

1월 4일, 청백리靑白吏로 뽑히다.

1월 16일, 추수기 공법 시행에 풍흉을 3등으로 나누어 징세토록 건의하다.

6월 14일, 동파역리에게 뇌물 받은 것을 사헌부에서 탄핵하니, 방촌이
　　　　 무고임을 변명하고 겸하여 사직을 청하나 윤허하지 않았다.

6월 25일, 사직소를 올렸으나 윤허하지 않았다.
　　　　 전 사관 이호문이 방촌을 폄훼하는 거짓사초를 추서하여 이후
　　　　 많은 논란을 일으킨다.

7월 1일, 백성들의 군역의 어려움에 대한 대책을 건의하여 시행토록 하다.

9월 12일, 영변군 약산성 수축의 가부를 위하여 현지 확인하다.

10월 23일, 평안도 도체찰사가 되어 성보城堡를 순심巡審하다.

10월 24일, 평안도에 가서 성보城堡를 시찰하다.

11월 29일, 육전등록六典謄錄을 찬진撰進하다.

• 1429년 (세종 11년, 67세)

4월 9일, 인재를 취하는 법을 대면하여 아뢰다.

4월 23일, 세종이 예조에 늙은 대신 영의정 이직 좌의정 황희 우의정 맹사성
　　　　 등을 상참에 5일 한번 참석하도록 분부하다.

9월 11일, 선원록을 편찬하도록 왕명을 받다.

9월 24일, 야인 동맹가첩목아 입조에 대한 대책을 논의하다.

• 1430년 (세종12년, 68세)

2월 19일, 봉상판관 박연朴堧과 연서로 아악雅樂과 사전祀典 (제사를
　　　　 지내는 예전)의 제도를 상세히 아뢰니 세종이 이를 따르다.

4월 9일, 평양 기자묘 신위를 '후侯조선 시조 기자'라고 정하여 윤허 받다.

4월 10일, 조준의 방언육전을 택해 쓰도록 건의하다.

4월 27일, 태종실록을 감수하다.

8월 10일, 공법에 대한 여론조사[17]를 실시하다.

11월 3일, 제주 감목관 태석균이 말을 많이 죽였는데, 방촌이 두둔했다고 사헌부에서 파직하는 상소가 올라오다. 세종은 대신을 경솔히 대할 수 없다고 불문에 붙이다.

11월 24일, 사헌부의 탄핵이 계속되어 좌의정에서 물러나 파주 반구정伴鷗亭에서 휴양하다.

•1431년 (세종13년, 69세)

9월 3일, 다시 복직되어 영의정으로 승진하다.

9월 8일, 좌사간 김중곤 등이 파면상소를 올렸으나 세종이 윤허하지 않았다.

　　　동일 지신사 안숭선安崇善을 인견하고 대신들에 대해 논급하다. 특히 방촌에 대한 매우 솔직한 의견을 피력하다.[18]

9월 10일, 영의정을 사직서를 올렸으나 윤허하지 않았다.

9월 11일, 김중곤 등의 파면상소가 있었으나 윤허하지 않았다.

9월 12일, 좌정언 채윤의 탄핵이 있었으나 윤허하지 않았다.

　　　같은 날 방촌이 궐문에 나아가 영의정을 사직하기를 청하였으나 윤허하지 않고, 아무 거리낄 것 없이 벼슬에 나아가라고 명하다.

10월 17일, 지방관의 임명, 관리정책에 대하여 논의하다.

•1432년 (세종 14년, 70세)

3월 6일, 경원성을 옮겨서 설치하는 문제를 의논하다.

3월 11일, 경원의 성지를 살피기 위하여 호조판서 안순과 함께 떠나는데 임금이 활과 화살을 하사하다.

• • • •

17) 공법에 대한 여론조사 세종은 공정한 세법을 제정하기 위하여 직접 조정에서 논의하고 백성들의 찬반을 묻는 여론조사를 실시했다.(찬성 74,149인, 반대 98,657인)

18) 세종실록 권53 13년 9월 8일 기사

4월 12일, 경원, 용성 등에 성 쌓는 일을 건의하다.

4월 20일, 고령을 이유로 사직소를 올렸으나 윤허하지 않았다.

4월 25일, 중추원사 이정간과 함께 궤장을 하사받다. 아울러 교서도 함께
　　　　받았는데 내용에는 "경은 세상을 도운 큰 재목이며, 나라를
　　　　다스리는 큰 그릇이다. 지혜는 일만 가지 정무政務를 통괄統括하기에
　　　　넉넉하고, 덕은 모든 관료官僚를 진정시키기에 넉넉하도다. 우뚝이
　　　　높은 지위와 명망, 의젓한 전형은 옛스럽다. 몸소 4대의 임금에게
　　　　섬겨 충의忠義는 더욱 두텁고, 수는 70세에 이르러 영달英達 함과
　　　　존귀함이 갖추었으니 진실로 국가의 주춧돌이며, 과인寡人의
　　　　고굉股肱[19]이노라."라는 표현을 담고 있다.[20]

9월 7일, 영의정부사로 승진하다.

9월 17일, 동맹가첩목아 등을 이거하는 문제를 논의하다.

12월 7일, 사직소를 올렸으나 윤허하지 않았다.

12월 22일, 야인 방어책을 논의하다.

• **1433년 (세종 15년, 71세)**

1월 4일, 새로 편찬한 경제속육전을 올려 주자소에서 인쇄하다.

1월 13일, 서북 야인 방어책을 논의하다.

1월 15일, 화포 사용법을 건의하다.

2월 26일, 파저강 토벌계획을 임금께 올리다.

5월 7일, 파저강의 승전을 종묘에 고하다

6월 29일, 일본과의 교통문제, 파저강 정벌문제를 의논하다.

7월 3일, 도성의 지리에 대하여 의논하다.

7월 9일, 풍수학 도절제사를 겸임하다.

윤8월 14일, 진도에 수령관을 두도록 의정하다.

• • • • •

19) 고굉 다리와 팔이란 뜻으로, 온몸을 이르는 말
20) 세종실록 권56 14년 4월 25일 계축

9월 16일, 장영실에게 호군護軍을 제수하는 일을 의정議定하다.

• 1434년 (세종 16년, 72세)
1월 6일, 영북진 통치책을 논의하다.
6월 1일, 강계 등지의 석성을 쌓는 등 국경 방어 문제를 의논하다.
8월 5일, 회령지역을 다스리고 관리하는 문제를 의논하다.
　　　내이포 거류 왜인 처치책을 상신하다.
8월 26일, 최윤덕을 파송하는 일과 명나라 사람에게 수응하는 계책을
　　　건의하다.
9월 11일, 염초[21]를 매매하는 계책을 논의하다.
12월 15일, 갑산 아래 무로구자無路口子에 읍을 설치하고 수령을 두는
　　　문제를 건의하다.

• 1435년 (세종 17년, 73세)
3월 29일, 전箋을 올려 사직하려 하나 윤허하지 않았다.
7월 25일, 야인 방어책을 건의하다.
8월 10일, 왜인 만도로 등을 나누어 두는 계책을 건의하다.
11월 19일, 상정소詳定所를 없애다.

• 1436년 (세종 18년, 74세)
5월 21일, 공법의 실행책 절목節目[22]을 아뢰다.
6월 2일, 노병老病을 이유로 사직하였으나 윤허하지 않았다.
7월 21일, 구황평조법을 건의하다.
10월 5일, 맹인에게 벼슬을 주는 일을 의논하다.

• • • •

21) 염초 고려 조선 시대 사용하던 화약의 핵심 원료
22) 공법의 절목 각도를 나누어서 3등으로 하되, "경상 전라 충청도를 상등으로 하고, 경기 강원
　　황해도를 중등으로 하며, 평안 함길도를 하등으로 하고, 토지의 품등은 한결같이 도행장대로
　　3등으로 나누어, 지나간 해의 손실 수와 경비의 수를 참작해서 세액을 정하소서."하니 그대로
　　따랐다.(세종실록 권72 18년 5월 22일 정해)

10월 26일, 두 번째 세자빈 봉씨 폐출을 의논하다.

• **1437년 (세종 19년, 75세)**
1월 14일, 새 왕세자빈을 책봉하는 의주를 올리다.
2월 21일, 장남 황치신을 호조참의로 삼았다.
4월 1일, 세자 섭정을 반대하다.
4월 13일, 새로 옮긴 변민의 판적版籍에 대해 의논하다.
　　　　　종성을 옮겨 설치하지 말기를 아뢰다.
5월 16일, 이만주 토벌 책을 건의하다.
6월 28일, 자격루를 각처에 두어 만가를 일깨울 것을 청하다.
7월 17일, 함길도 신설 각 군에 학교를 설립할 것을 계청啓請하다.
8월 28일, 공법을 버리고 예전대로 손실법을 행하게 하다.
9월 9일, 각관서의 쓸데없는 관원을 혁제할 것을 계청하다.

• **1438년 (세종 20년, 76세)**
1월 24일, 평안도를 방어하기 위한 방법을 의정하다.
2월 12일, 동전대용으로 철전을 사용하도록 의정하다.
2월 15일, 사직 상소하나 윤허하지 않았다.
3월 2일, 세종이 태종실록을 보려고 하는 것을 말리다.
4월 4일, 시관試官이 되어 하위지河緯地의 직언을 택하여 상제上第에 두었
　　　　　다고 하여 대간으로부터 탄핵을 당하다.
4월 14일, 사직 전을 올렸으나 윤허하지 않았다.
4월 24일, 과거은사科擧恩賜 제도를 혁파하다.
4월 29일, 임금께서 편안치 못하여 예궐하여 의정부 육조 정2품 이상이
　　　　　문안하다.
7월 10일, 공법을 시행하는 계책을 의진하다.
9월 12일, 대마도 왜인의 접대사목을 정하다.
11월 19일, 천변天變으로 사직을 요청하나 윤허하지 않았다.

11월 20일, 재앙을 입은 빈민에게 전세를 감하기를 계청하다.

11월 28일, 옥수獄囚를 죽게 만든 법관 죄를 엄히 징계할 것을 청하다.

•1439년 (세종 21년, 77세)

1월 21일, 구십 노인으로 의지할 곳 없는 사람에게 1년에 베 5필을
주도록 계청하다.

2월 12일, 각도의 군기를 엄하게 해 왜변을 막을 것을 주장하다.

2월 28일, 향화 야인, 왜인 급료를 주는 대책을 건의하다.

6월 11일, 노병에 대해 여러 차례 상소하여 사직하려 하였으나 윤허하지
않자, 도승지 김돈에게 시를 지어 의사를 알아보다.

6월 12일, 김돈에게 "영의정은 집에서 편히 수양하면서 기무를 청단聽斷
함이 가하고 억지로 사진仕進할 필요는 없다."라고 명하다.[23]

7월 29일, 방촌이 70세가 지났으니 상참常參에는 참여하지 말도록 하다.

•1440년 (세종 22년, 78세)

4월 3일, 초헌軺軒(가벼운 수레)을 하사하다.

4월 25일, 가뭄으로 국내 도형徒刑 이하의 죄인을 사면하여 줄 것을
청하여 임금이 윤허하다.

6월 19일, 함길도 도절제사로 김종서 대신할 이세형을 추천하다.

7월 13일, 공법을 시행하기 어려운 조건을 의진하다.

12월 21일, 영의정 사임하는 글을 올렸으나 윤허하지 않았다.

•1441년 (세종 23년, 79세)

3월 10일, 전지매매법을 계진하다.

5월 18일, 하삼도만下三道民 1600호를 함길도 사민을 청하다.

8월 16일, 매월 초일과 16일 이외에는 조참하지 않도록 특명하다.

• • • •

23) 세종실록 권85 21년 6월 12일 무자

윤11월 23일, 흥천사의 경찬회를 파하여 줄 것을 청하다.

•**1442년 (세종 24년, 80세)**
1월 14일, 함길도 입주민이 도망치는 것을 방지하는 계책을 올리다.
2월 6일, 각 도민 3000호를 평안도로 보내 변경을 튼튼히 할 것을 건의 하다.
5월 3일, 세자가 섭정하지 말기를 청하다.
6월 5일, 야인 망가를 처치하는 방도를 아뢰다.

•**1443년 (세종 25년, 81세)**
10월 23일, 일본에 사신을 보내는 논의을 진대陳對하다.
12월 4일, 상서하여 영의정을 사직하나 윤허하지 않았다.

•**1444년 (세종 26년, 82세)**
1월 27일, 과거로 선비를 뽑는 법을 계진하다.
10월 11일, 도둑을 없애는 방책을 의논하다.

•**1445년 (세종 27년, 83세)**
2월 8일, 대마도 종성홍의 무역선 수를 정하기를 청하다.
3월 13일, 압록강 가운데 도서 경작을 금하지 말자고 하다.
4월 11일, 왜인과 서로 교역하는 대책을 의논하다.
5월 12일, 승정원이 동궁에 신달申達하는 제도를 아뢰다.
6월 19일, 중대한 일 이외에는 번거롭게 알리지 않도록 특명하다.

•**1446년 (세종 28년, 84세)**
3월 30일, 귀화한 왜인을 외방에 분치하기를 청하다.
5월 5일, 영릉英陵 수호군을 별도로 두지말기를 청하다.

6월 7일, 친상 국상에 슬퍼하지 않는 자는 대명률[24] 에 의해 제명하고 서용하지 말게 하다.

• **1448년 (세종 30년, 86세)**
3월 28일, 정경부인 양씨楊氏가 졸하다. 관곽과 미두 30석, 종이 80권, 석회 50석을 내려 받다.
7월 22일, 내불당을 세우는 일을 그만두라고 상소하다.

• **1449년 (세종 31년, 87세)**
5월 27일, 한재旱災로 말미암아 사직을 청하니 윤허하지 않았다.
10월 5일, 영의정부사를 내놓고 치사致仕[25]하여 종신토록 2품록을 주다. 영의정 후임을 하연河演으로 하다.

• **1450년 (세종 32년, 88세)**
2월17일, 세종이 54세로 영응대군 집에서 승하하다.

• **1451년 (문종 원년, 89세)**
2월 2일, 방촌이 상서하여 중자 황보신의 직첩과 고신을 돌려받다.
9월 2일, 의정부에서 사신을 위한 연회에 참여하였는데 자리가 영의정 하연의 위에 있었다.

• **1452년 (문종 2년, 90세)**
2월 7일, 기로소 녹사로 하여금 치사한 대신이 출입할 때 조예皂隷를 주라고 전지하다.
2월 8일, 방촌 황희 졸하다. 파주 탄현면 금승리에 장사하다.
의정부에서 논의하여 "세종 묘정廟庭에 배향하고, 익성翼成이란

• • • •
24) 대명률大明律 조선시대 현행법 보통법으로 적용된 명나라의 법제서로서 명의 황제인 주원장이 1367년에 제정하였다.
25) 치사致仕 나이가 많아 벼슬을 사양하고 물러나는 것

시호를 내렸다. 사려가 심원한 것이 익翼이고 재상이 되어 종말까지 잘 마친 것이 성成이다."이라 하여, 세종의 정치를 보좌한 방촌의 일생을 잘 요약하고 있다.[26]

2월 12일, 황희에게 사제賜祭하는 교서를 내렸는데, "임금을 과실이 없는 처지에 있기를 기필期必하고, (중략) 수상首相이 된 지 24년에 국가의 편안함이 반석磐石 같이 견고堅固하게 되었다. 아홉 번이나 고시考試를 관장管掌하였는데도 모두 선비를 얻었다고 일컫게 되고, 열 번이나 사직辭職하기를 청하였는데도, 오히려 임금이 '나를 보필輔弼하라.'고 말하였다."라고 기록되었다.[27]

4월 10일, 신주를 부묘하면서 내린 교서에 "세종이 그(황희)의 지론이 정대함을 여러 번 칭찬하였다. 어떤 사람이 일찍이 그가 탐음한 행실이 있다고 일컬었으나 그러나 그 사람이 이런 말을 한 것은 곧 일찍이 황씨의 자제를 좋아하지 않은 사람의 말이었다."라고 하였다.[28]

• 1452년 (단종 즉위년)

7월 4일, 세종실록을 편찬하면서 이호문이 기록한 황희의 일에 대하여 9인의 대신들이 의논하였는데, "근거가 없고 사사로운 감정에서 추서한 것이 분명하니 삭제하자고 하였으나 다만 한 번의 실마리를 열어놓으면 말류末流의 폐단을 막기 어려워 고치지 못하였다"고 기록되어 있다.[29]

• • • •

26) 문종실록 권12 2년 2월 8일 임신 황희의 졸기기사
27) 문종실록 권12 2년 2월 12일 병자
28) 문종실록 권13 2년 4월 10일 갑술
29) 단종실록 권2 즉위년 7월 4일 을미

제2장
방촌 황희의 삶

옥동서원 봉안본(2006. 3. 28. 촬영)

1. 방촌 삶의 시대 구분

방촌의 출생에서 별세에 이르기까지 생애 90년간을 앞서의 방촌 황희 연보를 중심으로 아래와 같이 5시대로 구분하고자 한다.

[방촌 생애 시대 구분]

1. 고려 시기 (1363~1392)

   출생에서 조선 건국 시까지 30년간 시기

2. 조선 건국 초기 (1392~1405)

   태조, 정종을 거쳐 태종 4년까지 14년간 시기

3. 태종통치의 충실한 조력자 시기 (1405~1421)

   지신사에서 남원 유배까지 17년간 시기

4. 방촌 제2의 정치여정 시기 (1422~1430)

   세종과의 만남을 통한 제2의 정치여정시대

   8년간 시기

5. 세종선정의 완벽한 협력자 시기 (1431~1452)

   제2인자인 영의정으로 치사 후 별세까지

   21년간 시기

1) 고려 시기 (1363~1392)

방촌의 출생에서 조선 건국 시까지 30년간 시기

방촌은 고려시대 공민왕 12년 송경 가조리에서 출생하였는데, 출생년도인 1363년에서 조선 건국 1392년까지의 약 30년간의 기간이다.

고려 말과 조선 초기 시대적 배경

14세기 후반 고려는 대내외적으로 커다란 시련에 직면해 있었는데 농민들에 대한 극심한 수취로 백성은 극도로 피폐해졌다. 대외적으로도 원元이 급속히 쇠퇴하면서 명明이 흥하기 시작하였고, 일본에서는 해안지방의 세력들은 해적화 되어 고려 전 해안을 유린하고 있었다.

결국 이러한 대내외적인 위기를 능동적으로 대처하지 못한 고려왕조는 몰락 1392년 조선왕조가 건국되기에 이르렀으나 조선왕조가 발전할 수 있는 전망은 불투명하였다. 이는 구세력들 반발, 건국 주동세력 내부의 심각한 갈등, 새로운 왕조의 왕권이 어떻게 계승되느냐하는 문제로 요약할 수 있다.

방촌은 비교적 안정된 집안에서 성장했던 것으로 보인다. 그의 부친이 판강릉부사의 관직을 지니고 있었으며, 문벌 있는 자손들이 과거를 거치지 않고 관료가 될 수 있는 음서제의 혜택으로 우왕 2년인 1376년(14세) 때에 복안궁 녹사가 되었다는 사실이 이를 말해준다.

방촌은 어려서부터 총명하고 유교경전과 역사에 통달하였다고 한다. 21세 때인 우왕 9년 사마시에 합격하고, 2년 후 진사시에 급제, 27세 때인 공양왕 원년 문과에 급제하였다. 과거 급제 후 3년 고려는 완전히 멸

망하고 새로운 조선 왕조가 건립되어 고려시대는 이렇다 할 역할도 주어지질 못했다.

고려멸망에 따른 두문동 은거와 하산

방촌은 1392년 고려가 망하자 역성혁명에 반발하여 조선 왕조에 출사하지 않고 두문동[1]에 은거했으나 젊은 나이라는 연유로 선배들의 강권으로 하산하여 관직에 나간 것으로 보인다. 후술하게 되는 이우당 이경의 반구대운 시에 차운한 방촌의 한시가 전해지는데 이시를 통해 당시 시대상은 물론 두문동 72현 중 1인으로 알려진 이경과 방촌과는 상당한 나이 차이에도 불구하고 친밀히 교류하여 왔음을 인식하게 하며 방촌의 두문동 은거 사실을 간접적으로 증거해 주고 있다.

• • • •

1) 두문동杜門洞과 두문불출杜門不出의 유래 1392년 고려 공양왕은 이성계에게 왕위를 물려주었다. 새로운 나라 조선이 건국되자 고려 유생 72인은 멸망한 고려에 충절을 지키기 위하여 조선 왕조를 인정하지 않았으며, 조선에서 실시하는 과거에도 응하지 않고, 현 경기도 개풍군 광덕면 광덕산 골짜기에 들어가 마을의 동쪽과 서쪽에 문을 세우고 빗장을 걸어 밖으로 나가질 않았다고 한다. 이 마을을 두문동이라고 불렀고, 밖으로 나오지 않았다 해서 두문불출의 유래가 되었다고 한다. 그러나 조정에서는 계속하여 그들의 참여를 요청하자, 누군가는 살아남아서 의지할 데 없는 백성들을 이끌어 주어야한다는데 중론이 모여지고 이에 선택된 인물이 가장 젊었던 방촌이었다고 한다. 이러한 상황을 고려하면 방촌의 내면에는 두문동에 은거하였던 선배들의 고결한 뜻이 늘 마음 깊은 곳에 간직되었을 것으로 추측된다.

2) 조선 건국 초기 (1392~1405)

태조, 정종을 거쳐 태종 4년까지 약 14년간 시기

조선 건국으로 많은 방면의 인재가 필요하였기 때문에 방촌도 발탁되어 세자우정자, 직예문춘추관, 사헌감찰 등 역임하였지만 존재가 널리 알려지지는 못 하였다. 40세가 다될 때까지 능력을 발휘할 기회를 얻지 못하고 있었다. 그는 처세가 재빠르고 주위의 환경변화에 능숙하게 적응하면서 자신의 입지를 키워나갈 수 있는 능력을 지닌 인물이 아니었기 때문이다.

왕조 교체기라는 특수상황 하에서 자신의 위치를 발견할 수 없었던 그가 태조와 정종을 거쳐 태종(1367~1422, 재위 1400~1418)을 만나고 특별한 인정을 받으면서 재능은 빛을 발하기 시작하게 되므로 태종과의 만남은 방촌의 일생에 매우 특별한 의미를 지닌다.

박석명朴錫命의 천거와 태종과의 만남

이러한 방촌을 태종에게 천거한 사람은 지신사 박석명(1370~ 1406)[2]이었다. 지신사知申事란 후에 도승지 오늘날 대통령 비서실장으로 보면 된다. 왕의 의중을 파악하고 반영하도록 하는 자리이며 태종 입장에서 보면 심복이 될 만한 인품과 능력을 갖춘 인사가 필요했던 것이다.

그러나 물론 태종도 방촌을 바로 지신사로 임명한 것은 아니며 신임할

· · · ·

2) 박석명은 '대동야승'에 의하면 태종의 어린 시절 개경에서 한 이불을 덮고 자면서 우의를 다졌는데 대종이 집권하자 지신사를 비롯한 높은 벼슬을 하면서 왕의 총애를 받았다. 박석명은 부가 검교우정승 가흥이고 외조부가 찬성사 정을보이며 장인이 공양왕의 아우인 귀우군 왕우였다.(한충희 『조선의 패왕 태종』 계명대출판부 2014 36쪽)

수 있는 지 여부를 판단하는 과정을 거치게 된다. 태종 3년 박석명 천거에 따라 부친상 중에 있는 방촌을 특별히 등용하여 승추부의 경력으로 임명하였다.

태종은 불안전한 정국을 바로 잡는데 있어 사병을 혁파하여 병제를 바로 잡는 것이 무엇보다도 선행되어야 한다고 믿었기에 원년 병권을 일원화 하여 왕에 귀속하는 조처로 승추부를 세웠던 것이다. 이런 과정을 거쳐 태종 4년 방촌은 우사간대부로 승진, 태종 5년 12월 마침내 지신사로 발탁하게 된다.

3) 태종 통치의 충실한 조력자 시기 (1405~1421)

지신사에서 남원부 유배 시까지 약 17년간 시기

조선의 패왕[3] 이라 할 수 있는 태종이 방촌에게 강력한 권한을 부여하고 절대적인 신임을 보였음은 조선 초기 정치안정에 있어 매우 중요한 역사적 의미를 지닌다.

당시의 인사권은 의정부 좌정승과 우정승이 장악하고 있었으나 태종은 이를 견제하고 관료들의 임면에 자신의 주장을 적극 반영하기를 원하고 있었기에 이조 일에 밝은 지신사 방촌이 인사에 깊이 관여하도록 하였다.

• • • •

3) 조선의 패왕覇王은 중국 춘추전국시대 여러 제후를 거느리고 천하를 다스리던 사람을 패왕이라 했는데 조선 초기 연구가 한충희 교수가 「조선의 패왕 태종」이란 책을 저술하였다.

방촌에 대한 태종의 절대적 신임

태종 7년(1407) 민무구와 민무질 역모사건이 발생하였다. 문제가 심각히 전개되었을 때 방촌은 이숙번 조영무 등과 함께 내밀한 명을 받들어 음모를 제거하는데 결정적인 역할을 하였다. 민무구 사건으로 태종의 신임은 더욱 두터워졌다.

태종 9년 형조판서, 10년 사헌부 대사헌, 11년 병조판서, 예조판서, 15년 이조판서, 의정부 참찬, 호조판서 등 그가 46세인 태종 5년 지신사로 발탁된 이래 10년 만에 6조 판서를 두루 역임하고 의정부 재상에 까지 이르게 된다.

방촌이 그토록 태종의 신임을 받은 것은 명령만을 무조건 따르기 보다는 방촌 나름의 주관을 가지고 보좌하였으며 왕의 생각이 잘못될 가능성이 있다면 잘 설득해낼 수 있는 충실한 조력자로서의 역할을 다했기 때문이다.

그리고 신임이 깊어가도 지위를 이용하여 사적 이익을 추구하려고 하지 않았기에 태종은 방촌을 깊이 신임하고 중대사를 터놓고 의논할 수 있었던 것이었다.

양녕대군 폐세자 문제로 방촌 일생 최대 위기 봉착

태종은 여러 왕자들 사이의 치열한 투쟁 속에서 왕이 되었기에 자신의 후계문제로 무척 고심하였고 적장자인 양녕대군을 폐하고 충녕대군을 세자에 봉하려 하였다. 그래서 이때도 방촌과 의논하였다.

왕의 계승문제를 논의한다고 했지만 이미 태종의 마음은 충녕대군을 내정하고 있었다. 그러므로 방촌은 그냥 태종의 뜻을 따라가면 그만인 것이었다. 그러나 이 자리에서 방촌은 원칙을 강조하면서 양녕대군을 옹호하고 나섰다. 이때 태종은 방촌이 이렇게 나서리라고는 예상하지 못했던 것 같다.

방촌이 양녕대군의 폐세자를 반대한 것은 태종에게는 매우 뼈아픈 일이었다. 유교국가로서 적장자를 폐한다는 것은 상상하기 어려운 것이며 자신과 같이 무력으로 왕위를 쟁취한 입장에서는 더욱 괴로운 일이 아닐 수 없었다.

태종은 양녕대군이 왕이 되면 방촌에게 유리하리라는 판단으로 반대한 것이라고 인식하여 방촌은 외직으로 거듭 좌천되다가 끝내는 교하로 유배되고 얼마 되지 않아 향리인 남원으로 유배되었던 것이다.

유배기간 중 나타난 방촌 삶의 태도

태종의 개혁 정치와 더불어 자신의 능력을 발휘할 수 있는 지위에 올랐던 방촌은 폐세자 문제에 대한 견해 차이로 모든 것을 잃고 남원으로 유배당하게 된 것이며 이 유배 기간은 방촌 일생에서 가장 어려운 시련의 시기였다.

남원에 이르러 '방촌은 문을 닫아걸고 일체 손님을 사절했으며 비록 동갑의 친구라도 보기가 드물었다.'라고 알려질 정도로 자중하는 자세를 견지했던 것 같다.[4]

하여간 유배기간 방촌은 매우 근신하는 삶의 자세를 보이며 운서 1질을 가지고 가서 독서와 과거에 임하는 젊은 세대를 위한 예부운략禮部韻略을 저술하는데 힘을 기울였던 것으로 파악된다.

• • • •
4) 문종실록 권12 2년 2월 8일 임신 황희의 졸기기사

후술하는 방촌의 사시가를 비롯한 6수의 한글 시조도 이곳에서 작성되었으리라는 추측을 강하게 갖게 한다. 특히 늦은 봄의 운치를 표현한 시(한글 시조 5)와 님의 소식을 나타낸 시(한글 시조 6)는 이곳 남원에서 작성되었음이 매우 사실적으로 그려진다.

아울러 방촌이 600년 전 소박하게 지었을 광통루(현재 광한루)가 오늘 남원 문화의 중심적인 역할을 하고 있음을 볼 때 무척이나 힘든 시기였을 유배기간도 역사적으로는 상당히 중요한 기간이 아닐 수 없을 것 같다.

4) 방촌 제2의 정치여정 시기 (1422~1430)

세종으로 왕권 양위와 방촌 유배에서 돌아옴

1418년 태종은 양녕대군을 폐하고 세종을 후계자로 정한 후 왕위를 양위하였으나 이후에도 병권·인사권 등 중대사에 일일이 관여하였으며 세종이 왕으로서 확고한 자리를 굳힐 수 있는 여러 조치들을 취하였다.

세종 즉위 한 달도 지나지 않아 병조판서 박습이 상왕인 태종에게 보고하지 않았다는 이유로 사형에 처하고 곧 영의정이며 세종의 장인 심온도 처형한다. 이는 세종에게 위협이 될 정치세력을 사전에 제거하겠다는 뜻이었다.

태종은 자신이 가장 신임하던 방촌을 유배 조치하면서 마음이 편치 않았다. 그래서 방촌의 생질 오치선을 보내어 동정을 살피고 오게 하였다. 그는 방촌을 만나고 돌아와 태종에게 "황희가 말하기를 나의 살과 뼈는 부모에게서 받은 것이지만 내가 먹고 입는 것과 나의 종복은 모두 왕의 은혜로 갖게 된 것이니 신하가 어찌 왕의 은덕을 배반할 까닭이 있겠느냐. 진실로 나에게는 다른 마음이 없다고 하면서 눈물을 흘리면서 어찌할 줄을 모르더라"라고 태종에게 보고하였다.[5]

이러한 보고를 접한 태종은 방촌이 자신을 결코 배반한 것이 아니라는 것을 알고 마음이 풀렸던 것 같으며 세종을 위해 잠재적인 위협이 되는 세력까지 제거하였으나 여러모로 불충분하다고 생각하였다.

왕권에 위협이 되지 않으면서도 나라의 기반을 다져나갈 뛰어난 능력과 충성심으로 세종을 끝까지 보필할 사람이 절실히 필요하다는 결론에 이르고 이에 적절한 인사는 역시 방촌 황희 외에는 없다고 판단, 그를 중용하도록 세종에게 여러 차례 충고하였던 것이다.

드디어 60세가 되던 세종 4년, 방촌은 남원으로부터 돌아왔고 재상 직에 복직되었다. 물론 지사간 허성 등이 상소하여 죄줄 것을 청하나 세종은 윤허하지 않았다. 태종은 방촌이 돌아온 후 병이 심해져 5월에 승하하니 생전에 유배에서 풀어 주고자하였던 구상을 실현한 것이 되며 세종에게 간곡히 평소에 지니고 있었던 방촌에 대한 신념을 전하였을 것이라고 느껴진다.

세종의 강원도 관찰사 임명을 통한 방촌 능력 확인

대다수의 강력한 군주가 그러하듯 세종 역시 방촌에 대한 능력 검증의 기간을 갖게 된다. 방촌이 세종에게 절대적인 신임을 받기 시작한 것은 세종 5년 강원도 지방을 휩쓴 극심한 기근에 빠진 백성들의 어려움을 잘 해결하고 부터이다.

· · · · ·
5) 문종실록 권12 문종 2년 2월 임신 황희의 졸기기사

당시 지신사였던 이명덕이 강원도 관찰사로 부임하였으나 그는 백성을 구휼하는데 실패하였다. 이에 세종은 방촌을 급수가 낮은 강원도 관찰사로 보내니 방촌은 마음을 다하여 백성들의 어려움을 해결하고자 혼신의 노력을 경주하였다. 이에 세종은 크게 기뻐하며 그를 승정대부 판우군도총제부사로 승진시키고 관찰사 일을 계속 보게 하였다.

태종의 추천으로만 알고 있던 방촌의 능력을 세종이 실제로 확인하면서 그에 대한 신임은 세종이 죽는 날까지 이어진다. 세종 8년에 이조판서, 우의정, 세종 9년에는 좌의정으로 연속 승진하게 된다.

5) 세종 선정의 완벽한 협력자 시기 (1431~1452)

영의정에서 치사 후 별세까지 21년간 시기

세종 9년 방촌은 모친이 돌아가자 사직하였다. 그러나 세종은 관직을 버리고 3년 상을 지내야 하는 관례를 깨고 방촌을 재 등용하였다. 특히 세종은 그 당시 육조직계제를 의정부서사제로 전환하고 건강문제로 고심하였기 때문에 방촌과 같은 인물이 절대적으로 필요하였던 것으로 보여진다.

부친 때와 같이 방촌은 모친의 경우에도 3년 예를 치루지 못하고 기복하는 요청을 받게 되는데 그만큼 방촌의 능력과 역할이 절대적으로 필요했다고 볼 수밖에 없을 것 같다.

영의정 임명과 세종의 신임이유

세종 13년 방촌이 69세가 되던 때 영의정으로 임명하였고 이후 여러 차례 사직을 원하였으나 세종은 허락하지 않았다. 방촌이 83세이었던 세종 27년에는 매일 출근하지 않고서도 일을 처리하도록 조처하였다.

그가 물러나도 좋다고 허용된 것은 세종이 승하하기 몇 달 전인 세종 31년 10월이었으며 방촌의 나이는 87세였다. 방촌은 세종 거의 전 치세 기간 나라를 이끌어 갔던 것이다. 특히 그가 영의정으로 봉사한 18년간은 세종 선정 업적에 정말로 빛나는 완벽한 협력자라고 말할 수 있을 것 같다. 앞으로도 방촌처럼 오랫동안 국가 최고 정승 지위를 지낼 수 인물이 나오기란 쉽게 예상을 할 수 없다.

왕의 신임이 두텁고 지위가 너무도 높았기에 질시하는 사람이 없을 수도 없었다. 그러므로 대간에 의해 여러 차례 탄핵을 당하기도 하였다. 그러나 그때마다 세종은 태종도 방촌의 재능을 매우 아꼈는데 연소한 대간의 말을 따라 그를 등용치 않을 수 있겠느냐며 그런 비난을 일축하였다. 그만큼 세종은 방촌을 믿고 의지하였던 것이다.

태종대에 조선의 통치체제가 바로 설 수 있는 기틀을 마련하였으며 세종대에 이와 같은 안정을 바탕으로 하여 민족문화가 크게 발전하였다는 것은 결코 우연한 일이 아니다. 이러한 시기 방촌 황희와 같은 인물이 장기간에 걸쳐 나라의 살림을 이끌 수 있었다는 점이 결정적인 초석이 되었음을 주목해야 한다.

치사 후 별세와 세종묘정 배향

방촌이 치사한 후 5개월이 되지 않아 세종이 막내인 영응대군 집에서 승하하니 세종 재위 32년(1450) 54세였다.

문종 원년 방촌이 직접 상서하여 중자인 보신의 직첩과 고신을 돌려 받기를 요청하니 그대로 되었다.

　　문종 2년(1452) 방촌이 90세로 돌아가니 안타까워하지 않는 사람이 없었다고 한다. 파주 탄현면 금승리에 안장하였으며 세종 묘정에 배향하고 익성翼成이란 시호를 내렸다.

2. 태종과 방촌

[태종대 정치적 핵심 역할 수행의 배경]

지신사 박석명이 방촌을 추천하여 태종 3년 승추부 경력으로 임명하여 우사간대부를 거쳐 방촌은 정치 중심 역할을 할 수 있는 지신사에 임명되고 남원으로 유배되기까지 약 17년간 태종시대 조력자 범위를 넘어서는 조선 초기 정국안정에 매우 중대한 역할을 수행한다.

태종 9년 형조판서, 태종 10년 대사헌, 태종 11년 병조판서, 태종 12년 예조판서, 태종 15년 이조판서, 호조판서 등 태종 5년 46세에 지신사로 발탁된 후 10년 만에 6조 판서를 두루 역임하고 의정부 재상에 이르게 되는데 이러한 태종의 절대적 신임 하에 정치적 핵심에 가까운 역할을 수행할 수 있었던 배경을 다음과 같은 6가지의 관점에서 설명한다.

지신사 박석명의 강력한 추천이 임명에 큰 동기가 됨

박석명은 지신사에서 면직되기를 여러 번 청하자 태종은 "경과 같은 사람을 천거해야만 그제야 대신할 수 있을 것이다."라고 언급하였는데[1] 방촌이 지니고 있는 능력 중에 박석명 자신처럼 오랫동안 기밀을 유지하며 온갖 사무를 처리할 수 있는지를 우선적으로 살펴보았던 것 같다.

이에 따라 그는 강력히 미관말직에 있던 방촌을 추천했는데 이는 방촌 관직 생활 중 가장 큰 전환점이라 아니할 수 없다. 태종 4년 박석명의 추천으로 우사간대부에 오르고 태종 5년(1405 방촌 43세) 박석명의 추천으로 드디어 지신사에 오른다. 태종은 박석명이 추천한 직후부터 방촌을 여러 차례 시험해 보았고 좌사간대부 좌부대언 등 관직에서 경험을 쌓게 한 뒤 지신사로 임명하였다.[2]

태종의 절대적 신임 하에 국정운영에 깊이 참여

방촌은 태종 5년 12월 지신사로 임명되고 태종 9년 8월 면직될 때까지 지신사를 수행한 4년 가까운 시간 동안은 국왕과의 지근거리에서 매우 밀착된 관계로 명령을 전달하고 정치적 사안을 처리하며 정국을 주도한 기간이었다.[3]

특히 그 기간 태종은 국정의 불안정을 극복함에 있어 공신들에 대한 견제가 매우 중요하다고 판단하였다. 지신사 재직 시 여러가지 정치 사건들

• • • •

1) 문종실록 권12 2년 2월 8일 임신

2) 소종 『조선태종대 방촌황희의 정치적 활동』 역사와 세계 47집 효원사학회 2015

3) 태종대 승정원 연구를 통해 지신사의 재직기간이 다른 관직보다 오래였다는 것을 알 수 있다. 정승 평균 재직 기간은 1년 4개월, 판서는 평균 7개월인 데 비하여 지신사는 평균 2년 6개월이었고 각별히 신임했던 박석명과 황희는 각각 6년, 4년 정도 재직했다. 『이동희 태종대 승정원의 정치적 역할 역사학보 132집 1991』

이 발생한다. 그 기간 중 대표적인 사건은 민무구, 민무질의 공신녹권 박탈 사건과 목인해의 조대림 무고사건이다.

이러한 사건들은 결과에 따라 정치적 처분을 내려야 했기에 기밀 유지가 필수요건이었다. 방촌은 태종이 원하는 이러한 의도에 부응하는 인물이었다. 태종은 방촌이 하루 이틀 동안이라도 임금을 뵙지 않으면 반드시 불러 뵙도록 하였다. 태종이 일찍이 말하기를 "이 일은 경만이 홀로 알고 있으니 만약 누설된다면 경이 아니면 내가 한 짓이다."라고 하였다.[4]

태종의 가장 큰 치적인 외척제거의 실질적 조력자

태종의 가장 큰 치적 중의 하나로 민제·심온 등 외척 세력의 척결이 후일 세종 정치에 큰 힘이 되었다고 평가되는 데 이를 수행한 인물이 방촌이었다는 사실은 앞으로 새롭게 조명되고 평가 받아야할 것 같다.

그가 세종대 재상으로 너무도 큰 활약에 가려 이점이 너무나 소홀히 다뤄져 오고 있다고 보아야 한다. 여기서 방촌은 여흥 민씨 일족을 제거하는데 가장 큰 공헌을 했다고 평가된 기록이 있다.[5]

태종으로서는 방촌이 지신사가 되기 전 까지는 태종 왕권의 해결이 급선무였으나, 지신사가 된 시점에는 그 문제가 해결되자 그 때부터는 공신 세력의 기세를 꺾는데 주력했다. 태종의 의도대로 공신세력을 견제하는 데에 방촌이 주도적 역할을 수행했다고 보여진다.

• • • • •
4) 문종실록 권12 2년 2월 8일 임신 황희의 졸기기사
5) 태종실록 권35 8년 5월 12일 신유

목인해의 조대림 무고사건을 통해 태종의 신뢰는 더욱 깊어짐

태종 8년(1408) 목인해의 고변사건이 일어났을 때 태종은 개국공신 조준의 아들이자 자신의 둘째 사위인 조대림을 반역혐의로 순금사에 가두라고 명했는데 이는 목인해가 반역을 고변했기 때문이었다.

이때 태종은 방촌에게 이 사건에 대해 말하고 궐내의 안정을 지시했는데 방촌이 누가 역모자인지를 물으니 조대림과 친분이 있었던 조용이라고 하였다. 방촌은 곧바로 "조용의 사람됨은 아이와 임금을 죽이는 일은 결코 하지 않을 것"이라고 하였다.[6]

여기서 중요한 점은 방촌이 태종에게 "조용은 모주가 될 수 없다"라는 반론을 제시할 정도로 발언권이 있었다는 점이며 이일로 태종은 방촌의 정세 판단을 칭찬하고 그에 대한 신뢰는 더욱 깊어졌다.

방촌 국정운영의 동반자 관계로 발전

방촌의 판서 직 임명은 다른 관료에서는 찾아볼 수 없는 것이다. 이조판서는 1개월·9개월 두 번 재임하여 총 10개월 재직하였고, 호조판서는 3개월 반, 예조판서는 10개월·11개월로 총 1년 9개월, 병조판서와 형조판서는 2개월·1개월로 각각 총 3개월, 공조판서도 3개월 직임하였다.

특히 예조에 재직할 때에는 중간에 병으로 4개월의 공백이 있는데도 다시 임명되어 근 1년간이나 더 직임하였다. 방촌의 병을 고쳐준 내의에게 태종이 별도로 저화 100장 씩 줄 정도로 태종의 신임은 각별하였다. 태종 대에 6조의 판서를 모두 거친 이는 방촌 외에는 존재하지 않는다.

이는 방촌이 지신사를 거치면서 국왕의 기밀사항을 관장한 경험을 토

• • • •
6) 태종실록 권15 8년 12월 5일 무인

대로 왕권이 어떻게 발현되는 가를 체득한 위에 육조 판서 직을 두루 거치면서 국정운영을 경험한 거의 유일한 관료라는 것을 알 수 있게 해준다. 후일 "큰일과 큰 의논을 결정할 때 의심나는 것을 고찰함이 시구蓍龜와 같았다" 고 일컬어지는 배경이 되었다.[7]

양녕대군을 지지한 탓으로 유배되나 태종 임종을 앞두고 불러들임

방촌은 세자 교체와 맞물려 양녕대군을 지지한 탓으로 조정에서 퇴출되는데, 이때 태종은 방촌을 유배시키면서도 구구절절하게 이유를 대는 모습에서 방촌을 여전히 신뢰하고 있음을 볼 수 있다.

태종은 1418년 5월 방촌을 남원으로 유배시킨 직후 6월 충녕대군을 세자로 책봉하고 두 달이 지난 8월 왕위를 선위한다. 또한 그는 임종을 앞두고 남원에 있는 방촌을 불러들이는 데 태종대에 경험했던 경륜이 세종의 국정운영에 큰 힘이 될 것을 확신했기 때문이다.

• • • •
7) 문종실록 권12 2년 2월 12일 병자

3. 세종과 방촌

[세종이 방촌 황희를 끝까지 신임한 이유]

앞서의 방촌 연보와 방촌 생애의 시대구분을 통해 살펴본 바와 같이 세종은 방촌을 끝까지 신임하고 방촌을 관직에서 놓아준 것은 세종이 승하하기 전 5개월 정도에 불과하다. 세종은 국사에 관한 거의 모든 일을 방촌과 상의하고 그를 믿고 의지하였던 것이 분명하다.

앞으로 이러한 예가 우리 역사에 다시 있으리라는 것은 쉽게 예상할 수 없지만 세종이 그러한 결정을 내리고 대다수 일에 관해 '방촌과 논의대로 하라'는 언급이 실록에 수없이 반복됨은 역사상 매우 주목되는 일이 아닐 수 없다.

이미 많은 책에서 세종과 방촌의 관계에 대해서 언급되어왔으므로 이곳에서는 세종이 방촌을 끝까지 신임한 이유에 대해서만 중점적으로 다음과 같이 설명한다.

태종의 수차례에 걸친 간곡한 천거로 세종 마음에 깊이 각인

세종은 태종이 왕권확립을 위해 양녕에서 자신으로 양위한 일이며 장인 심온까지 처형하는 일들을 너무도 잘 알기에 태종의 천거를 매우 귀중히 여겼으며 그중에서도 태종이 방촌을 아끼는 인재로 여기는 점이 세종의 마음속 깊이 자리하고 있었다.

강원도관찰사 임명을 통한 직접적인 방촌 능력 확인

지도자는 누구나 인물 추천에 대해 자신의 눈으로 직접 확인해 보기를 희망한다. 세종 역시 극심한 가뭄으로 엄청난 고난 속에 놓여있던 강원도 백성을 온갖 정성과 시책으로 해결해 나아가는 방촌에 대해 무한한 신뢰심을 갖게 되었으며 이러한 믿음은 그의 일생을 통해 변하지 않았다고 보여진다.

대명對明 사대외교事大外交 안정에 꼭 필요한 인재로 인정

조선 초 대명 외교는 매우 중요하였는데 방촌은 일찍이 중국 역사와 문헌 등에 대해 통달하였을 뿐더러 중국어도 능통하였던 것으로 알려져 있다. 태종 때 명나라에도 다녀오고 세종 때도 세자와 동반하려다 취소된 바 있었다.

당시로는 세종에게는 큰 부담되었던 사신접대 등을 포함한 대명외교에 있어 이를 긴 안목에서 균형 있게 다루고 앞으로 문제를 가져오지 않을 방안을 낼 수 있는 최적의 전문가였다.[1]

• • • •

1) 대명외교에 따라 사신은 거의 매년 오고 갔으며 그 피해도 매우 컸다. 귀임 시 10일 정도 금강산 관람을 포함,노골적인 뇌물 등을 요구해 왔고 사신 중에는 조선 출신이 많았으며 명과 조선 간 이간질을 예사로 행하였다. 방촌은 오랜 경험과 긴 안목에서 일관된 행동과 원칙을 갖고 단호하게 대처해 세종의 신임을 받았다.

방촌이 지닌 능력과 경험은 당시로는 사실상 비교 불가

태종 때 이미 육조를 두루 모두 역임하고 재상까지 경험하였던 경력은 당시 어느 누구와도 비교 불가하였다고 본다. 오기수교수의 황희에 대한 연구서에서 그가 지닌 핵심 자질로 평가한 관후, 정대, 청렴, 총명의 네가지 측면[2] 에서도 당대에는 따라올 인사가 거의 없었다고 본다. 아울러 젊은 집현전 학자들을 일일이 집으로 찾아가 사고의 틀을 변경하게 하는 설득력과 소통능력 역시 방촌이 지닌 귀중한 자산임에 틀림없다.[3]

육조직계제六曹直啓制에서 의정부서사제議政府署事制로 전환

조선 초기부터 추구되어 온 국왕 중심의 집권체제는 관료중심 정치운영을 이상으로 하는 유신들에게는 심각한 갈등을 던져 주었다. 특히 집현전 학사들은 재상 중심체제의 부활과 이를 통한 자신들의 정치참여를 희구하였다. 그들의 학문적 소양을 정치적으로 실천하려고 하였던 것이다.

이는 세종의 의사에는 어긋나는 것이지만 왕은 이러한 집현전 학자들의 요구를 억제할 수만은 없었다. 세종 18년(1436), 태종대 이래의 육조직계제를 폐지하고 모든 국무를 육조가 의정부를 통하여 왕에게 올리는 의정부서사제[4]를 부활하여 중신들의 권한을 강화시키게 된 것은 이러한

• • • •

2) 오기수 『황희, 민본시대를 이끈 행복한 2인자』 2017 고반 6-11쪽

3) 세종 30년 내불당 건립 문제로 집현전 학사들이 출근을 거부하여 수습될 기미를 보이질 않자, 방촌은 86세의 고령으로 병석에 누어있었으나 그들을 일일이 찾아가 설득하여 결국 나와 업무를 보게 하였다. 방촌은 "지금 조정의 논의가 지나친 점도 있지만 아첨하며 입을 다물고 있는 것보다는 낫지 않습니까? 이처럼 신하들이 숨김없이 할 말을 다 할 수 있는 것은 모두 전하의 다스림이 훌륭하셨기 때문에 가능한 것입니다. 이는 나라의 복이며 만세의 큰 경사가 아닐 수 없습니다."라며 신하들의 반대에 섭섭해 하고 있던 세종을 다독였다고 한다. (세종실록 권121 30년 7월 26일 경술)

4) 오늘날의 정치제도와 비교하면 의정부서사제는 의원내각제에 해당되고 육조직계제는 대통령중심제에 해당된다고 할 수 있다. 육조직계제는 의정부를 거치지 않고 곧바로 국정현안을 국왕과 논의하는 체제이기 때문이다.

사정에서였다.

아울러 세종은 재위 후반에 이르러 건강이 크게 나빠지자 의정부서사제로 전환하고 최고책임자는 어느 누구보다도 방촌으로 계속하여 맡기고 싶었던 것으로 보인다.

방촌은 자기세력의 붕당화 추진이 없었음

방촌은 그토록 오랜 기간 관직을 담당해도 자기세력을 만들려는 시도를 나타내지 않았으며 실록에 전하고 있는 그 많은 서書, 전箋, 소疏, 의議, 계啓 등(조선왕조실록 방촌기사 1,147회)에서 보듯이 대부분 스스로 직접 기안하고 검토하였음은 국정에 임하는 자세가 끝까지 결코 변하지 않았음을 오늘날의 우리 모두에게 각인시키고 있다.

또한 영의정 때에만 그가 내었던 사직 의사도 무려 10회에 이르고 있다. 이는 그만큼 마음을 비우고 공직에 임했음을 나타내는 것이라고 보아야할 것이다.

4. 방촌 황희의 업적

[방촌의 정치적 활동 및 정책을 중심으로]

방촌의 업적은 오랜 관직 생활을 통해 이루어진 것으로 어떤 것은 자신이 국왕에게 건의하여 행해진 것도 있고 어떤 것은 국왕 명에 의해 방촌 주도하에 이루어진 것도 있으며 어떤 것들은 여러 신하들과 함께 공동으로 이룬 것도 있다.

방촌은 태종대에 육조 판서를 모두 역임한 유일한 인물이며 세종대에는 재상 직만 24년을 수행하여 주요 국사와 조선 초 문물제도가 정비되는 과정에서의 기여는 실로 대단했던 것으로 파악될 수 있는 데 이곳에서는 방촌의 정치적 활동 및 정책 중 두드러진 업적을 다음과 같이 설명한다. [1]

----

1) 조선왕조실록의 방촌 기사는 1,147번이나 언급되고 있다. 그가 태조 6년(1397)에서 세종 31년(1449)년 치사할 때까지 태조 때 3번, 정종 때 3번, 태종 때 195번, 세종 때 811번 총 1012번이다. 문종 때는 8번이며, 그 후 10번 이상은 성종 때 11번, 중종 때 25번, 영조 때 20번, 정조 때 15번 등이다. 태종대와 세종대에 그만큼 신료로서 정치의 중심에서 활발하게 역할하였음을 나타낸다.(성봉현 『방촌 황희 연구의 동향과 연구자료 검토』 2015 방촌학술대회 발표논문)

태종대 외척세력 척결로 정국 안정에 기여

태종은 왕자의 난으로 집권하고 조선 초기의 공신 세력 중 외척 세력 척결을 정권 안정에 필수적인 매우 중대한 과제로 삼았다. 이를 성공적으로 이행하고 왕권 중심의 중앙집권적인 권력 체제를 완성한 후 세종으로 왕권을 양위하였는데 이러한 역할의 중심에는 방촌의 지신사 때의 역할이 매우 중요한 의미를 지닌다고 보아야 한다.

방촌은 세종의 명에 의해 민무구, 민무질의 공신 녹권을 박탈하고 후일 제주도로 유배시키게 된다. 또한 목인해의 고변으로 인한 조대림 무고 사건들도 태종의 의도대로 처리하게 된다. 이러한 일들은 태종의 왕권 정통성 문제를 해결해주어 조선 초기 정국 안정에 크게 기여한 것이다.

그러나 이러한 방촌의 역할이 조선 초기 태종의 많은 연구에 있어 크게 주목을 받지 못하고 있는 점은 의외로 볼 수 있다. 이는 방촌이 후일 세종대에 너무도 뚜렷한 성과로 평가됨에 가려져 있는 것이라고 보여진다.[2]

사대교린事大交隣 외교 정착과 국방 강화책

세종대는 조선시대를 통틀어 가장 막강한 군사력을 가진 시대였다. 세종은 친히 병력을 거느리고 1년에 두 차례씩 강무講武[3]를 시행할 만큼 군사훈련을 중요시 했다. 이런 강력한 군사력을 배경으로 조선은 명明에 대해서는 사대事大를 주변 여러 세력에 대하여는 교린交隣을 외교의 기본으로 삼았다.

당시 평안도 지역인 서북면과 함경도 지역 동북면에는 여진족이 살고

• • • •

2) 소종 『조선 태종대의 방촌 황희의 정치적 활동』 역사와 세계 47집 효원사학회 2015 게재 논문

3) 강무講武 조선 때 임금의 주관 아래 사냥하며 무예를 닦던 행사, 한양에서는 1년에 네 번, 지방에서는 두 번 이루어졌음

있었다. 그들은 자주 경계를 넘어와 노략질을 일삼았다. 조선에서는 이들에게 강온 양면 정책을 폈다. 연보에는 여진족 동맹가첩목아와 이만주에 대한 동향과 여진 정벌에 대한 계책이 여러 번 등장한다.

세종은 거의 모든 논의에서 방촌의 의견을 따랐으며 그것은 방촌이 경험이 많고 상황을 정확하게 파악하고 있었던 결과이다. 북방 야인에 대한 교린정책은 성공하여 조선의 북방영토가 확장되었으며 큰 변란 없이 평화를 유지할 수 있게 되었던 것이다.

또한 명에 대해서는 사대의 논리로 평화적 관계를 유지하였다. 명황제는 조선에 자주 사신을 보내거나 칙서를 보냈다. 조선의 정세를 염탐하면서 명에 대한 조선의 태도를 엿보기 위해서였다. 세종은 명 사신을 접대하고 칙서에 답서를 작성하는데 방촌의 의견을 들어 반영하였다. 그의 경륜과 지략으로 평화적 관계를 유지하는데 가장 적합한 방책을 제시할 수 있다고 신뢰하였기 때문이다.[4]

이외에도 귀순자 처우문제, 북변 읍성의 축조, 병마 군기점검, 강무 시 군복제정 등 국방 강화에 관한 광범위한 제도를 건의 시행케 하였다. 세종대 이후 장기간 외침이 없었던 것은 이러한 외교 전략의 정착과 국방 강화의 결과라 할 수 있을 것이다.

민생 안정과 공평 과세

방촌은 남원 유배지에서 올라 온지 1년이 안되었을 때 강원도 관찰사로 임명되었다. 그는 성심으로 백성들을 구휼하였는데 제일 먼저 수령들의 안일한 복무 태도를 질책하고 도내의 수령들이 허위장부를 만들어 부실

· · · ·
4) 이현수 「방촌 황희의 생애와 사상」 2015 방촌학술대회 발표논문

하게 의창義倉[5]을 관리하는 실태를 파악하고 이를 바로 잡으려하였다.

의창의 곡식을 풀어 기민饑民을 구제하고 강원도에서 바치는 공물貢物을 대폭 경감하도록 허락을 받았다. 이처럼 방촌은 지방관으로 있으면서 백성들의 생활을 직접 살펴보고 백성들 입장에서 그들이 생활 안정을 이룰 수 있는 현실적 방도를 마련해 시행하였다.

한편으로 방촌은 전세제도를 개혁하기 위해 만들어졌던 공법 상정소에 주도적으로 참여하였다. 세종 18년(1436)에 세종은 방촌을 불러 공법의 절목에 대해 의논하여 건의하게 하고 그의 건의에 따라 공법 안이 만들어져 보고되었는데 그는 다시 의견을 내어 토품의 상하와 수확량의 다소에 따라 더욱 분등할 것을 요청하였다.[6]

이러한 논의를 거쳐 공법은 전분 6등, 연분 9등으로 확정되었다. 방촌이 세종과 더불어 백성들의 조세부담을 경감시켜주면서 재정을 안정시키려고 끊임없이 노력하였던 모습은 오늘날에도 전혀 예사롭게 보이질 않으며 깊이 되새겨 볼 일임에 틀림이 없다.

그 외에도 우량종자 배급을 통한 식량증산, 양잠 장려, 경제육전의 의정, 과전수세법, 기민구제책 등 민생안정에 관련 광범위하게 힘을 기울였다.

사회 질서와 공직기강 확립

방촌은 사회가 안정되고 공직기강이 확립되어야 백성들이 잘 살 수 있다고 생각하여 아랫사람이 윗사람을 업신여길 수 없으니 모름지기 법금法禁을 엄히 세워 그것이 커지기 전에 막아야 될 것이라면서 부민고소금

• • • •
5) 의창義倉 곡식을 저장했다가 흉년이나 비상 때 가난한 백성에게 대여하던 기관
6) 공법의 절목에 대한 방촌의 건의는 앞서의 p24 각주 22)번 참고할 것 (세종실록 권72 18년 5월 22일 정해)

지법部民告訴禁止法을 만들어 하극상의 풍조를 없애고자 하였다.[7]

또한 억울한 죄인이 생기지 않도록 하는 조치로 소송절차에 대한 결송법決訟法을 만들어 보고하였는데 세종은 그대로 따랐다. 아울러 도적방지책, 억울한 죄인의 석방 문제, 노인 복지 문제, 천첩 소생의 양민 양반 자식에 대한 부역 면제, 효자 열녀의 표창, 빈민구제 등 사회기강을 바로잡고 풍속을 순화하기 위해 힘썼다.

인재 양성과 교육 정책

방촌은 국가 발전의 원동력은 인재 양성에 있다고 보아 학교 설립을 위한 계를 올리기도 하였다. 또한 이러한 학교 설립 및 교사 선택의 중요성과 더불어 외국어 교육의 필요성에 대해서도 적극적으로 피력하고 있다.[8]

방촌 스스로가 중국어에 능통하여 중국 사신 접대를 전담해왔던 터라 누구보다도 외국어의 필요성을 절실하게 느꼈을 것이다. 그러나 당대에는 역관에 대한 처우가 매우 낮았으며 실용외국어 교육이 제대로 수행되지 않는 문제점이 있었다. 방촌은 이를 지적하고 실용 외국어의 실질적 교육을 주장하였다. 더 나아가 한족뿐만 아니라 여진족의 문자까지도 교육할 필요성을 논의하기도 하였다.

방촌은 능력 있는 사람을 기용하는 일에 적극 찬성하였다. 세종 15년 (1433) 세종은 자격루를 만든 장영실을 호군으로 승진 시키는 일을 두고 의견이 일치되지 않으므로 방촌과 상의 하였다. 방촌은 이에 적극적으로

· · · · ·

7) 세종실록 권44 11년 5월 11일 병진
8) 문집 2001 135쪽

지지 의견을 내어 임금이 그대로 따르도록 하였다.[9]

각종 전례의 제정과 개정을 포함한 문화면에 큰 업적

가정생활에서 국가 행사에 이르기까지 각가지 전례典禮에 대한 제정과 개선에 힘썼다. 아악 전례 제도, 사직 제도, 국조 제사, 산천 제사, 산릉 보수, 기자묘의 신위 제호 등 매우 광범위하였다.

또한 선원록과 태조실록을 감수하여 국사를 처음 만들고 속육전, 사륜전집, 치평요람, 역대병요, 의주상정 등을 저술하여 반포케 하였으며 간행사업에도 힘써 경서와 외국어 학습서 등을 출판 보급했다.[10]

아울러 방촌 스스로 문학에도 힘써 한글시조 6조와 한시 17수등 23수가 전해오고 있는데 이 역시 문화적 측면의 큰 업적이 아닐 수 없다.

• • • •
9) 세종실록 권61 15년 9월 16일 을미
10) 이혜화 『방촌 황희선생의 사상과 얼』 파주문화원 1994 24~29 쪽

제3장

방촌의 시

방촌황희 선생상(좌·우측에 방촌의 유묵이 음각되어 있음)

1. 한글 시조 6수

    '방촌황희선생문집(2001)'에서는 방촌의 시로 한시 17수와 시조 4수, 도합 21편의 시를 전하고 있는데 이곳에서는 학계에서 방촌의 작품으로 명시하고 있는 '사시가四時歌'(봄·여름·가을·겨울을 각각 묘사한 4편 연시조)와 다른 2수를 합한 6수 한글 시조를 집중 조명하여 시조에서 보여주고 있는 방촌의 평소 삶에 대한 자세와 시대상을 파악해 보고자 한다.

1) 한글 시조 감상

시조 1~4 황희의 사시가四時歌와 주제主題

【 시조 1 】

'강호江湖의 초봄'

강호江湖의 봄이 드니 이 몸이 일이 하다
나는 그믈 깁고 아해는 밧츨 가니
뒷 뫼히 엄 긴 약초藥草를 언지키려 ㅎ느니.

일이 하다 : 일이 많다
엄 긴 : 싹이 길게 자란

(현대문)

강호江湖에 봄이 드니 나도 할 일이 많다
나는 그물 깁고 아이는 밭을 가니
뒷산에 움이 길게 자란 약초藥草는 언제 캐려 하느냐?

(이해와 해설)

여기서 강호는 속세를 떠나 선비가 머무는 곳을 의미하며 특히 초봄으로 바쁜 농촌생활을 꾸밈없이 표현하고 있어 환경이나 자연 질서에 자연스럽게 적응하고 있음을 보여준다.

【 시조 2 】

'여름'

삿갓세 되롱이 닙고 세우細雨중에 호뮈 메고
산전山田을 흣미다가 녹음綠陰에 누어시니
목동牧童이 우양牛羊을 모라다가 잠둔 날을 셰와다.

세우細雨중 : 가랑비가 내리는 데

(현대문)

삿갓에 도롱이 입고 가랑비 속에 호미 메고
산밭을 김매다가 녹음에 누웠으니
목동이 소 양을 몰아다가 잠든 나를 깨웠다.

(이해와 해설)

이 시의 시간 배경은 한여름으로 삿갓 도롱이, 호미, 산전, 목동의 시어
들이 평화로운 전원생활을 잘 나타내고 있으며 현상 극복이라는 태도보
다는 자연스럽게 주어진 상황에 공감하고 있는 자세를 느끼게 한다.

【 시조 3 】

'태평가太平歌'

대쵸大棗볼 붉은 골에 밤은 이이 뜻드르며
벼 뷘 그르헤 게는 죠차 ᄂ러리는고
술 닉쟈 체장ᄉ 도라가니 아니 먹고 어이리.

뜻드르며 : 어째서 떨어지며
그르헤 : 그루터기에

(현대문)

대추볼 붉은 곳에 밤은 어이 떨어지며
벼 벤 그루터기에 게는 어이 내리는고
술 익자 체장사 돌아가니 아니 먹고 어이리.

(이해와 해설)

　추수 후 농촌풍경이 잘 묘사되어 한 폭의 산수화를 보고 있는 듯하며 방촌의 인간미가 흠뻑 나타내고 있어 그의 시조 중 문학성이 제일 뛰어난 백미白尾로 평가되고 있다. 우리말의 아름다움을 잘 표현하여 훈민정음을 창제한 세종의 재상에 걸맞는 한글 시조임에 틀림이 없다.

【 시조 4 】

'고기 낚는 늙은이'

뫼혀는 새가 긋고 들히는 가리 업다
외로운 비에 삿갓 쓴 저 늘그니
낙딕에 마시 깁도다 눈 깁픈 줄 아는가.

마시 깁도다 : 맛이 깊구나. 낚시질에 몰두하고 있구나

(현대문)

산에는 새다 그치고 들에는 가는 사람 없다
외로운 배에 삿갓 쓴 저 늙은이
낚싯대에 맛이 깊도다 눈 깊은 줄 아는가?

(이해와 해설)

이 시는 방촌이 중국 당唐 시인 유종원柳宗元(773~819)의 5언절구 '강설江雪'과 '어옹漁翁'을 애송하다가 시조형식으로 지은 것으로 보여진다. 어지러운 속세와 정치적 시비를 벗어나 은둔에 가까운 생활을 하던 방촌이 눈 내리는 겨울 강에서 외롭게 혼자서 배를 타고 낚시질하는 노옹老翁의 심경과 같았을 것이라는 상상이 쉽게 떠오른다.

다른 2편의 시조時調와 주제主題

【 시조 5 】

'늦은 봄'

청계상靑溪上 초당외草堂外에 봄은 어이 느졌는고
이화梨花 백설향白雪香에 유색柳色 황금눈黃金嫩이로다
만학운萬壑雲 촉백성중蜀魄聲中에 춘사망연春思茫然 ᄒ여라.

　　만학운萬壑雲 : 많은 골짜기에 구름이 끼고
　　촉백성중蜀魄聲中 : 소쩍새 우는 소리 가운데

(현대문)

맑은 시냇가 초당 밖에 봄은 어찌하여 늦었느냐?
흰 눈 같은 배꽃의 향내에 버들은 황금빛 새싹이 돋네
골짜기마다 구름 덮이고 소쩍새 우는 소리 나니 봄 일은 아득하도다.

(이해와 해설)

　'강호의 봄'은 초봄을 배경으로 하였지만 이 시는 완전히 무르익은 늦은 봄의 모습을 매우 운치있게 표현하고 있다. 서정성이 매우 선명하게 그려지나 시인의 깊은 속마음은 여러 생각으로 뒤숭숭함을 나타내고 있다.

【 시조 6 】

'님의 소식'

청조靑鳥야 오도고야 반갑다 님의 소식
약수삼천리弱水三千里를 네 어이 건너온다
우리 님 만단정회萬端情懷를 네 다 알ㄱ가 ᄒ노라.

청조靑鳥 : 파랑새로 기쁜 소식의 편지를 의미
약수삼천리弱水三千里 : 삼천리가 되는 아주 먼 거리
만단정회萬端情懷 : 온갖 정과 회포

(현대문)

기쁜 소식의 편지가 왔구나 반갑다 님의 소식
삼천리가 되는 먼 거리를 네가 어떻게 건너 왔느냐
우리 님의 온갖 정과 회포를 네가 다 알까 하노라.

(이해와 해설)

1) 방촌은 임금을 향한 변함없는 충성을 다짐하는 연군戀君의 시를 특별히 작성하지는 않았으나 시의 내용으로 보아 남원으로 유배가 있던 태종 18년(1418)과 세종 4년(1422) 기간 중 특히 유배에서 돌아오기 전 세종3년(1421)에 작성된 것이 거의 확실하다고 느껴진다.

유배지라는 어려운 환경에서도 어둡고 절망적인 생각보다는 긍정적이고 희망적인 사고가 삶의 배경을 이루고 있음이 마음에 다가온다.

2) 청조靑鳥와 약수弱水는 신화에 나오는 소재인데 그 신화를 알면 시조가 함축하는 뜻이 더 잘 전달되고 모르면 시조 전체의 의미도 명확히 드러나지 않게 된다. 서왕모는 곤륜산 서쪽에 살고 있는 신인이다.[1]

청조와 약수의 신화적 소재가 함께 보이는 가곡원류歌曲源流를 편찬한 안민영安玟英의 시조가 전해온다.[2]

심중心中에 무한사설無限辭說 청조靑鳥를 네게 부치너니
약수삼천리弱水三千里를 네 능能히 건너 갈다
가기사 가고져 허건이와 나라 자가 근심일세.

• • • •
1) 청조靑鳥는 곤륜산 서쪽에서 동굴생활을 하고 있던 서왕모에게 세 마리의 파랑새가 먹을 것을 찾아주었다고 한다. 동방삭東方朔은 청조가 날아온 것을 보고 서왕모의 사자라고 했다. 청조는 반가운 소식, 소식을 전하는 사람이라는 뜻으로 흔히 쓰이게 되었다. 약수弱水는 옛 중국 신선이 살던 곳에 있었다는 물로 부력이 아주 약해 기러기 털처럼 가벼운 물건도 가라앉지 않는다고 한다.
2) 신연우 『조선조사대부시조문학연구』 도서출판박이정 1997 238~253쪽

2) 종합적인 감상과 시사점

6수 한글시조의 출처와 황희 '사시가四時歌'로 정립

6수 모두 '진본 청구영언'에 전하며 1990년 출간된 부산대학교 최동원 교수의 『고시조논고』 삼영사(46-51쪽)에서 사시가로 명명되어졌다. 그 후 많은 도서에서 황희 '사시가'로 언급되어 오고 있다.[3]

특히 수능 등 대학입시를 준비하는 상대적으로 젊은 세대들은 아주 잘 알고 있으나 옛날 세대들은 사시가라는 이름하에 특별히 배운 바가 없어 소홀하다고 본다.[4]

한글 시조 6수의 작품성

파주문화원이 출간한 '방촌 황희 선생의 사상과 얼'에 게재된 한글시조에 대한 감상과 평가를 살펴본다. "3번 시조는 방촌 문학의 백미白尾다. 그 흔한 한자 한 글자도 쓰지 않고 이렇게 완벽한 우리말 시조를 엮어 냈다는 것은 참으로 놀라운 일이다. 더구나 시상의 흐름이 조금도 어색함이 없고 주제는 당대로선 독보적인 개성미를 과시하고 있다. 이러한 시조는 손재주로 되는 것이 아니다. 역시 방촌의 인품이 아니면 나올 수 없으려니와 우리말의 아름다움과 시조 문학의 본질을 속 깊이 알고 있으리란 생각이다"라고 적고 있다.[5]

• • • •

3) 신연우 『사대부 시조와 유학적 일상성』 이회문화사 2000 58-71쪽, 황충기 『조선시대 연시조 주해』 푸른사상 2009 31-32쪽, 이임수 『한국시가문학사』 보고사 2014 269쪽, 양희철 『연시조 작품론 일반』 월인 2016 31-41쪽 등이다.

4) 황희 사시가는 고교모의고사 수능시험 등에 자주 출제되었다.

5) 이혜화 『방촌황희선생의 사상과 얼』 파주문화원 1994 47~51쪽

작성 연대와 작성 장소에 대한 추정

오기수 교수는 2018년에 출간된 '백성의 신_臣 황희'에서 한글시조 3번과 5번을 언급하며 남원의 유배기간에 작성된 것이라고 매우 구체적으로 표현하고 있다. 앞서의 이혜화 교수는 벼슬자리를 떠나 파주에 머무를 때로 추측된다고 기술하고 있다.

6번 시조는 분명히 유배기간이 끝나기 전 해인 1421년(세종 3년)이 거의 확실하며 5번은 유배기간이 시작된 1418년 다음 해부터 1421년 사이에 작성되었을 것이다. 1번, 2번, 3번 역시 오기수교수의 진단대로 남원 유배기간 내에 작성되었으리라는 추측이 현재로서는 힘을 얻고 있다고 본다.

조선 초기 농촌 생활의 사실적 표현

한글 시조를 종합하여 볼 때 서정성이 매우 돋보이며 마치 한 폭의 산수화를 보는 느낌을 갖게 된다. 더욱이 조선 초기 농촌의 생활상을 정확하게 사실적으로 그리고 있음을 주목해야 한다.

지속적인 후속 연구가 절실히 필요

사대부의 시조로 황희의 사시가와 맹사성의 강호사시가가 주목받고 있음은 다행한 일이나 여기서 머물지 말고 좀 더 구체적인 연구가 이루어질 수 있도록 독려가 절실하며 나아가 사시가의 배경을 이루는 것으로 느껴지는 파주 반구정 주변이나 유배지 남원 등에 시비 건립이 필요함을 강조한다.

방촌의 사상과 인품에 대한 배경

(1) 중앙관서의 화려한 직책을 지낸 관료로서의 권위나 위신은 결코 보이지 않으며 그가 가졌을만한 울분을 토로한 것은 더욱 아니다. 또한 통상적 다수 관료들이 유배지에서 보여준 사미인곡 타입의 열렬한 연군의 시를 적은 것도 아니라는 점에서 방촌의 인간미와 인품이 시를 읽는 순간 우리 모두에게 자연스럽게 다가온다.

(2) 우리 모두는 시조 6의 '님의 소식'을 무척 반기는 방촌의 모습을 상상하며 그간의 어려움에서 벗어나 곧 돌아가게 될 것이라는 심증을 가졌으리라는 상황이 너무도 사실적으로 생생하게 느껴진다.

훌륭한 시가 어느 누구나 쓸 수 있는 것은 물론 아니나 무엇보다도 순수한 마음을 가진 인물에서 나올 수 있는 것이라는 점이 다시금 되새겨진다.

(3) 방촌 6수 한글시조가 조선 초기의 농촌의 생활과 시대상을 매우 사실적으로 보여 주고 있어 앞으로 드라마나 방송미디어 부문에 유용한 자료로 활용되고 방촌의 현창사업에도 큰 보탬이 될 것으로 믿어 의심치 않는다.

2. 방문지에서 쓴 한시 7수

　방촌문집이 전하는 한시 17수는 주제별로 나누어 음미하면 '방문지에서 쓴 7수'와 '만남이 주제가 된 시 10수'로 구분된다. 본장에서는 방문지에서 쓴 7수를 집중 조명하고자 한다.

　작성시기 별로 보면 '이우당 반구대를 차운한 한시'가 제일 먼저인 고려 때 방촌 21세에 작성된 것으로 파악되어 오늘의 반구정을 묘사한 방촌 유일의 시로서 존재 의의가 대단하다고 생각된다. 이어서 태종 17년 평안도도순무사로 부임하여 '강서현 객사'와 '강계부 객사'를 방문하여 감회를 적은 글로서 당시 시대상을 느끼게 한다.

　아울러 세종 5년 방촌 61세 강원도 관찰사로 부임하여 '경포대', '영월 금강정,' '강릉부 객사' 등 3수의 한시가 지어졌는데 이중 '경포대'는 우리나라 한시 최고 걸작의 한편으로 평가 받고 있다. 또한 '길성현 객사'는 세종 14년 방촌 70세에 먼 변방 길주까지 방문하였을 때의 심정을 가감 없이 기술하여 주목된다.

【 한시 1 】

경포대 鏡浦臺

澄澄鏡浦涵新月	징징경포함신월
落落寒松鑠碧烟	낙락한송쇄벽연
雲錦滿地臺滿竹	운금만지대만죽
塵寰亦有海中仙	진환역유해중선

　징징澄澄 : 해맑은 모습
　함涵 : 머금다 잠겨있다
　낙락落落 : 높고 우뚝한 모습
　운금雲錦 : 구름비단
　쇄鑠 : 잠기다 봉쇄되다
　진환塵寰 : 티끌세상

(현대문)

해맑은 경포호 초승달을 머금고
낙락한 찬 솔은 푸른 안개 잠겼네

땅엔 가득 구름비단, 누대에는 대가 가득
티끌세상 중에도 바다 신선 있다네.

(이해와 해설)

1) 우리 한시 최고 걸작 중의 하나라는 표현을 쓴 정민교수의 '우리한시 삼백수'[1] 평역을 옮겨보면 '밤중에 경포대에 올랐다. 갈고리 모양의 초승달 하나가 맑은 호수에 걸려 흔들린다. 낙락장송은 푸르스름한 안개에 잠겨 말이 없다. 대지는 구름 비단에 덮여 포근한 꿈나라에 들었다. 경포대 둘레엔 으스스 대숲이 제 몸을 떤다. 이슬이 뚝뚝 떨어진다. 어제까지 티끌세상 나그네였던 나는 마치 바다 속 신선이라도 된 것만 같다. 겨드랑이 밑으로 스멀스멀 날개가 돋아나 구만리 장천을 훨훨 날 수 있을 것만 같다.'라고 적고 있다.[2]

2) 작성 시기

방촌은 세종 5년과 6년에 강원도 관찰사로 있었으니 그때에 지은 것으로 추측된다. 특히 해중선海中仙이란 표현 속에서 그 당시 헐벗고 굶주린 백성들의 고난을 벗어나게 하려고 무한한 노력을 경주했음을 엿보이게 한다. 실제로 그가 강원도로 떠날 때 세종은 구황촬요救荒撮要와 농사직설農事直說 두 권의 책을 하사하였다고 한다. 두 권의 내용은 초근목피로 연명하는 방법과 영농기술에 관한 것이니 방촌이 이를 여러 번 숙독하였음은 물론 한밤에 절경의 경포대에 올랐어도 그 심경은 산수경치를 음미함 속에도 백성들의 구휼에 있었음을 짐작케 한다.

• • • •

1) 정민 『우리 한시 삼백수』 김영사 2014 136~137쪽
2) 정민교수는 한시의 아름다움을 탐구한 『한시 미학 산책 (2010)』으로 크게 명성을 얻고 많은 저서 출간하고 있는데 『우리 한시 삼백 수』에서 삼국시대에서 근대에 이르는 명편 중 백미라고 불릴 삼백편을 가려 뽑았다. 여기서 삼백 수 의미는 시경詩經의 뜻을 따른 것으로 날마다 한 수 씩 읽어 나가라는 의미로 보면 된다.

3) 세종 신뢰의 출발점

이러한 그의 노력은 헛되지 않아 구휼에 성공하여 한양으로 올라갈 때 그를 기리는 소공대召公臺가 삼척에 건립되었고 소공대가 언급되는 몇 수의 한시가 전하는데 이는 후술하고자 한다. 더욱이 조선 최고의 명군으로 불리는 세종의 부동의 재상으로 무려 24년간이나 재직할 수 있었던 출발점은 이곳에서 시작되었다고 해도 과언이 아닐 것이다.

【 한시 2 】

영월寧越 금강정錦江亭

軒高能却暑　　헌고능각서
簷豁易爲風　　첨활이위풍

老樹陰垂地　　노수음수지
遙岑翠掃空　　요잠취소공

(현대문)

마루가 높아 더위를 물리칠 수 있고
처마가 넓어 바람도 잘 통하는구나

옛 나무 그늘은 땅에 드리워졌고
먼 산 푸른 빛은 하늘에 닿은 듯하네.

(이해와 해설)

1) 제목에 대한 의문점

이 한시는 '방촌황희선생문집'(2001) 제1권에 나오는 오언절구로 제목이 영월 금강정錦江亭으로 되어 있으며 출처를 동국여지승람으로 명기하고 있다. 그러나 파주 반구정 경내 방촌 동상 우측의 방촌 유묵 음각에는 관풍루觀風樓로 되어 있다.

2) 작성 시기

또한 금강정은 세종 10년(1428) 영월군수 김복항金復恒이 건립한 것으로 되어 있는바, 이 시는 방촌이 세종 5년(1423) 강원도관찰사로 부임한 이후로 판단되니 제목처럼 금강정으로 보기에는 작성 시기에 5년이라는 차이가 나며 그때 금강정은 존재하지 않았기 때문이다. 더욱이 방촌 서예 최고 작품으로 평가될 수 있는 앞서 언급한 동상 좌대 유묵 제목에서도 분명히 관풍루로 명기되어 있다.

3) 강원도관찰사로 부임이 세종 5년(1423년) 7월 16일임으로 부임 후 복더위 가운데 도민을 구휼하기 위해 혼신의 노력을 하던 중 영월 지역을 방문하여 이 시를 쓴 것으로 추정된다. 따라서 금강정이냐 관풍루이냐 하는 점은 보다 종합적인 연구를 통해 결론을 내려야 할 것이다. 그러나 금강정이 건립되기 전에 어떠한 소규모의 정자가 그곳에 있었다면 그럴 수도 있을 것 같다는 나름의 추론을 하여본다.

【 한시 2-2-1 】

지천 황정욱이 차운한 시

6대 손인 지천 황정욱이 차운한 오언절구가 있는 것이 더욱 그러한 앞서 추론의 합리성을 갖게 한다.

황정욱이 차운한 시

我祖登臨後	아조등임후
玄孫又御風	현손우어풍
九秋搖落日	구추요락일
撫古一江空	무고일강공

(현대문)

우리 할아버지 등림했던 이 정자에
육 대 손인 내가 또 바람을 휘몰고 왔구나

온 산에 낙엽소리 우수수 지는 가을철
옛날을 생각하니 무심한 강물만 흘러가네.

(이해와 해설)

1) 지천 황정욱芝川 黃廷彧(1532~1607)

방촌 6대 손으로 주청사로 명에 가서 종계변무宗系辨誣[3]를 성공적으로 수행하고 돌아와 그 공으로 대제학이 되었다. 시와 글씨에 뛰어났으며 파주시 탄현면 금승리 방촌 묘역 건너편에 묘소가 있다.

2) 문집(2001)에 의하면 지천의 위 시는 상주尙州 정연正淵 두 실기에 전해온다고 명기되어 있다.

- - - -

3) 종계변무는 이성계가 고려의 이인임의 후손이라고 되어 있는 대명회전을 바로잡는 일이다. 이를 성공적으로 수행하였던 황정욱은 임진란이 일어나자 순화군을 호종했을 때 일본군 포로가 되어 항복 권유문을 쓰도록 선조에게 거짓 편지를 보낸 것이 탄로나 귀양 갔다. 이때 진짜 서신은 임금에게 미처 도착하지 못하였다.

이우당 이경의 반구대伴鷗臺를 차운한 시

碩人卜築一高臺	석인복축일고대
遊跡分明絶俗埃	유적분명절속애
山若藏蹤張霧去	산약장종장무거
鷗如知志沐霞來	구여지지목하래
奇形流水聲中出	기형유수성중출
晚景浮雲影裡廻	만경부운영리회
托世餘生何所得	탁세여생하소득
閒閒到處共徘徊	한한도처공배회

(현대문)

훌륭한 사람이 높은 대를 쌓았는데
깨끗한 자취, 세속 티끌 끊었다네

산은 자취를 감추려 안개를 뿜고
갈매기도 그 뜻을 알아 날개 씻고 오누나

물소리 속에 고상한 모습 나타나고
뜬구름 그림자 속에 늦은 햇빛 볼만해

세속에 몸 붙인 여생 소득이 없으니
한가한 기회 얻어 함께 머무르고파.

(이해와 해설)

1) 이 시는 이우당二憂堂 이경李瓊(1337~1392 추정)의 반구대伴鷗臺를 차운한 칠언율시이다. 그는 고려말기 문신으로 조선 건국에 반대하여 두문동에 들어가 끝까지 고려에 대한 충성과 지조를 지킨 두문동 72현 중 한사람으로 알려져 있다. 그는 달성군 하빈河濱사람으로 저서로 '이우당실기'가 전해져 내려온다. 이 실기에 방촌의 차운한 시와 원운이 함께 전하고 있다.[4]

2) 반구대와 반구정

이곳에서 언급된 반구대가 오늘의 반구정을 의미하는 것인지는 확실치 않다. 단지 전체적인 시의 묘사가 오늘의 반구정의 모습을 추측하게 하는 것은 사실이다. 이 시로 미루어 혹시 정자를 세우기 전에 이곳 경치를 조망해보거나 감상할 수 있는 이곳을 반구대란 이름으로 지칭하지 않았나 하는 추측을 하게한다. 반구정과 관련된 시는 별도로 후술 한다.

3) 이시의 2구에서 '세속 티끌을 끊었다네'의 의미가 방촌이 지니고 있는 자연귀의적인 심정을 표현한 것이라고 느끼면서 두문동으로 들어간

• • • •

4) 문집 2001 778쪽

이공의 처신을 암시하는 듯한 생각을 느끼게 한다. 한편으로는 방촌이 그를 매우 존경하고 따르지 않았나 하는 추측을 갖게 한다.

4) 4구의 '갈매기도 그 뜻을 알아 날개 씻고 오누나'의 표현이 앞서의 사시가 등의 한글 시조에서 보았듯이 방촌이 자연 환경에 대한 묘사에 있어 얼마나 높은 문학적 경지에 있었는지를 아낌없이 보여주고 있다.

5) 현존 자료 중 반구정과 관련한 방촌의 유일한 작품이다. 아울러 반구정을 읊은 별도 방촌의 시가 있었을 것으로 추정된다. 또한 이우당실기에 의하면 반구대 관련 2편의 시는 1383년(우왕 9년) 방촌 21세때로 추정하고 있다.[5]

• • • •
5) 심익철 『반구정 역사와 관련 시문에 대한 검토』 2015 방촌학술대회발표논문

【 한시 2-3-1 】

이우당 이경의 원운 영반구대 詠伴鷗臺

先得白鷗作此臺　　선득백구작차대
居閒素志遠塵埃　　거한소지원진애

泉懸窓外雲橫去　　천현창외운횡거
花落庭前鳥下來　　화락정전조하래

石逕歸僧山影倒　　석경귀승산영도
烟洲眠鷺雨心廻　　연주면로우심회

淸江碧峀千層上　　청강벽수천층상
與爾多情共徘徊　　여이다정공배회

(현대문)

먼저 백구를 벗 삼아 이대를 만든 본 뜻은
한가로이 살며 시끄러운 세상과 멀리 하렴이었네

창밖에 걸린 폭포 구름 속으로 내려지고
뜰 앞에 떨어진 꽃엔 새가 날아드네

해질 무렵에 중은 바윗길로 돌아가고
물가에 자던 해오라기는 빗속으로 돌아오는구나

맑은 강물 푸른 산 천층 경치 위에서
너와 같이 정답게 함께 지내고 싶구나.

(이해와 해설)

1) '영반구대'라는 7언절구는 이경의 문집 이우당실기 권1에 전하는 것으로 방촌 유적지로 최고의 문화적 가치를 지닌 반구정 건립의 연원淵源으로 추정되는 매우 주목되는 시이다.

2) 작성시기

방촌이 이우당의 시를 차운하여 지은 것이 이우당의 나이 47세(우왕 9년 1383)로 방촌의 나이는 당시 21세에 해당한다. 방촌과는 26세라는 연령상의 큰 차이가 있음에도 이를 차운하여 지은 것으로 보아 매우 긴밀하게 교류하였음을 추측케 한다.

3) 방촌이 두문동에 은거한 후 나오게 된 것을 감안할 때 선배들의 고결한 뜻을 내면 깊이 간직하였던 것으로 짐작된다. 특히 이우당 시의 1구에서 "한가로이 살며 시끄러운 세상을 멀리 하렴이였네." 하는 표현에서 세속을 떠나 은거하려는 심정을 잘 묘사하고 있어 후일 방촌이 반구정을 지은 뜻이 잘 나타난다고 생각된다.

【 한시 4 】

길 성 현 吉城縣 객 사 客舍

七旬奉使三千里	칠순봉사삼천리
邈邈要荒地盡頭	막막요황지진두
賴有主人心鄭重	뇌유주인심정중
蒼顔白髮尙風流	창안백발상풍류

요황要荒 : 서울에서 천리나 이천리나 떨어진 먼 변두리 지방
지진두地盡頭 : 땅이 다한 끝이란 의미
창안蒼顔 : 창백한 얼굴

(현대문)

칠순에 사명을 띠고 삼천리를 다다르니
멀고 먼 요황이 지진두에 벌어져있구나

다행히 마음씨 좋은 주인이 있어
창안과 백발로 마주 앉아 한껏 즐기게 되네.

(이해와 해설)

1) 작성 시기

이 시는 오늘의 함경북도 길주 객사客舍(왕명으로 내려오는 벼슬아치를 묵게 하던 집)에 써 붙인 시로 동국여지승람에 있다. 방촌은 세종 14년 (1432년) 3월 11일부터 4월 2일까지 한 달 동안 함길도 도체찰사로 그곳을 방문했을 때 지은 것으로 파악된다.

2) 칠순의 늙은 몸을 이끌고 나랏일을 위하여 멀고 먼 변방 길주에 이르렀을 때 느끼는 쓸쓸한 심회를 솔직하게 표현하면서도 그러한 심정을 달래준 여관집 주인의 풍류와 인간미에서 느끼는 즐거움을 적고 있다.

【 한시 5 】

강서현江西縣 객사客舍

隱隱山圍一小鄕　　은은산위일소향
人家臨水土宜桑　　인가임수토의상

(현대문)

이리저리 산이 에워싼 자그마한 고을
사람들은 물가에 살고 땅에는 뽕나무가 맞는다오.

(이해와 해설)

1) 작성 시기

이 시는 강서현 객사에 써 붙인 시로 출처는 동국여지승람이다. 태종
실록에 보면 '방촌은 태종 17년(1417) 2월 22일에 평안도도순무사로 평
양윤을 겸하였다가 그해 12월 3일에 돌아왔다.'라고 되어 있어 그때 지은
것으로 파악되며 강서현은 오늘의 평안도 지방이다.

2) 하구下句는 결구缺句로 전해지고 있는데 방촌이 느끼는 그곳의 사람
이나 생활상에 대하여 언급했을 것이라고 짐작된다.

【 한시 6 】

강계부 江界府 객사 客舍

地僻民風下朴略　　지벽민풍하박략
更教板屋雨聲多　　갱교판옥우성다

(현대문)

깊은 지대의 민속이 어찌 이렇게 순박한가?
판자로 덮은 지붕에서 빗소리만 들릴 뿐이다.

(이해와 해설)

1) 작성 시기

앞서 한시 5 '강서현에서'와 같이 동국여지승람에 전하며 강계부 객사
에 써 붙인 시로 작성 시기 역시 태종 17년(1417) 지은 것으로 보여진다.

2) 1400년대 강계부는 인구도 얼마 되지 않으며 소박한 민심에 초가
집도 아닌 나무판자로 엮어진 지붕구조 임을 보여주고 있다. 아울러 하
구 역시 결구로 되어 있다.

【 한시 7 】

강릉부江陵府 객사客舍

禮義上先千古地　　예의상선천고지
何煩行怪說神仙　　하번행괴설신선

(현대문)

옛날부터 예의를 전해온 이 고을인데
어찌 번거로이 괴이한 짓하며 신선을 말하는가?

(이해와 해설)

1) 작성 시기

동국여지승람에 전하며 앞서 한시1 '경포대'나 한시2 '영월 금강정'에
서와 같이 세종 5년~6년(1423~1424) 강원도 도관찰사로 있을 때 작성된
것으로 추측되며 강릉부 객사에 써 붙인 시이다.

2) 앞서 경포대(한시1)에서와 같이 신선이 언급되고 있으나 당시 많은 백
성들이 굶어 죽는 등 극도로 어려운 시점이라 민심이 매우 흉흉하였음을
느낄 수 있다. 앞서의 한시5, 6과는 달리 이 시는 상구가 결구로 전해온다.

3. 만남이 주제가 된 한시 10수

    본장에서는 방촌의 삶 속에서 만나게 되는 인물을 중심으로 한 10수를 조명하고자 한다. '안성에 대한 영결시'에서는 방촌의 삶 속에서 청렴 사상이 얼마나 주요한 실천사항이었나를 가감 없이 느낄 수 있으며 '상촌 김자수의 죽음을 애도한 만사', '손재 김남택에 지어준 시'와 '탁광무와 안부를 주고받은 시'를 통하여는 서로 존경하는 사이에서 방촌의 교우관계에 대한 느낌을 읽을 수 있게 된다.

    '김익생에 써준 삼전운시', '퇴휴당 김순의 여묘석에서 지어준 시', '이정간의 경수연에서 지어준 시'는 당시로선 부모님에 대한 효성이 방촌뿐 아니라 국가에서도 중시되어온 덕목이었음을 엿볼 수 있다. 또한 '도승지 김돈에게 붙여준 시'에서는 방촌이 매우 겸허한 인품의 소유자임을 잘 보여준다.

【 한시 8 】

계해원일회연 癸亥元日會宴

九九年來押百官   구구년내압백관
三元獻壽對天顔   삼원헌수대천안

日明堯殿春風裏   일명요전춘풍리
多少君臣各盡歡   다소군신각진환

(현대문)

팔십일세 나이로 백관 속에 끼어 앉아
정월 초하룻날 임금님께 헌수하누나

햇빛 밝고 따뜻한 궁전 봄바람 속에
여러 신하 다 같이 한껏 즐기는구나.

(이해와 해설)

　1) 출처는 동문선東文選이고 제목에서 작성일이 세종 25년(1443) 정월 초하루이니 방촌의 나이 81세임을 알리고 있으며 시 전체 내용 흐름 속에 전반적 국정상황은 비교적 평온하였던 것으로 평가될 수 있으리라고 본다.

　2) 방촌의 관직기간 약 70년 중 세종과 함께 한 세월은 약 28년이며 그 중 24년을 정승으로 재임하면서 세종의 거의 모든 업적에 함께하면서 87세에 은퇴하였다. 81세때는 방촌도 건강이 썩 좋지는 않았으며 세종 역시 재위 32년 중 25년경은 말기로서 여러가지 질병으로 고통을 받아 건강이 매우 불편했던 시기로 알려져 있다.

【 한시 9 】

안성安省에 대한 영결시永訣詩 '청렴 렴廉자'

吾儕身後事　　오제신후사
只守一廉字　　지수일렴자

오제吾儕 : 국가의 녹을 먹고 있는 모든 관료와 사회지도층을 의미

(현대문)

우리들 몸이 없어진 뒤의 일은,
단지 청렴 렴廉 자字 하나를 지키는 것이다.

(이해와 해설)

1) 이 시는 안성(1344~1421)의 가승家乘에 전한다. 안공은 광주인廣州人으로 광양군에 봉해졌고 관직은 대사간을 지냈으며 조선개국 후 최초의 청백리이다. 방촌은 안공 병환이 위독하다고 하여 문병을 갔었는데 그가 임종하게 되어 영결을 표하는 시로 써준 것이라고 황협 편찬 실기에 전해온다. 이 시는 안공이 사망한 1421년에 지어진 시이다.

2) 방촌과 안공은 대표적 청백리
방촌이 대표적 청백리였다는 것은 많은 사람들이 알고 있지만 그의 청빈사상을 구체적으로 알고 있는 사람은 매우 적다. 청백리에 관한 고전기록인 전고대방典故大方에 의하면 안성은 태조조 청백리 5인, 황희는 세종조 15인 중 명단에 올라있다.

3) 오기수 교수는 방촌이 명재상으로 조선 최고의 2인자가 될 수 있었던 요체를 관후寬厚·정대正大·청렴淸廉·총명聰明 네가지 관점에서 설명하고 있다.[1] 이 시는 그 중 방촌이 얼마나 검소와 청렴을 중요한 덕목으로 가슴 깊이 생각하고 그것을 일생을 통해 실천하였음을 보여주는 기념비적인 시임에 틀림이 없다.

4) 방촌과 대사간 안공과의 일화

문집에 의하면 안공에 대한 화상찬畵像贊글이 나온다. 이글에서 '방촌은 안성의 도道는 포은 정몽주와 같고 청렴한 성격이 매우 뛰어나며 진나라 때 도연명과 같다'라고 적고 있다.[2] 또한 세종이 농담으로 '안공의 이름이 무엇이냐?' 물으니 방촌이 '그의 한 눈이 조금 작으니 이름을 성省으로 하사하시지요'하여 안성이 되었다고 전한다.[3]

• • • •
1) 오기수 「황희, 민본시대를 이끈 행복한 2인자」 고반. 2017
2) 문집 2001 190쪽
3) 안씨 가승, 황협 편찬실기

【 한시 10 】

상촌桑村 김자수金子粹에 대한 만사輓詞

有忠有孝難   유충유효난
有孝有忠難   유효유충난

二者旣兼得   이자기겸득
況又殺身難   황우살신난

(현대문)

충성은 있어도 효도가 있기 어렵고
효도는 있어도 충성이 있기 어려운데

이 두 가지를 다 아울러 갖고서
더 어려운 살신성인殺身成仁까지 했구나.

(이해와 해설)

1) 이 시는 상촌실기에 전하며 여기서 만사輓詞는 죽음을 애도한 시라는 뜻이다. 상촌 김자수(1352~1413)는 고려말기 문신으로 충청관찰사 형조판서 등을 역임하였으나 고려가 멸망한 것을 비관하여 안동에 은거하였다. 조선 개국 후 태종이 형조판서로 불렀으나 나가지 않았으며 후에 자결하였다. 작성 시기는 그가 자결한 직후 1413년으로 추측된다.

2) 1운, 2운, 4운이 각각 난難을 운자로 반복하는 수사적 기교를 보여주는 것으로 끝맺는다. 방촌이 상촌의 평소 삶을 잘 알고 있었으며 그의 죽음을 마음 속 깊이 애도하고 있음이 시에 잘 나타나 있다.

【 한시 11 】

손재遜齋 김남택金南澤에 지어준 시 '시우時雨'

君子體天意　　군자체천의
哲人察事機　　철인찰사기

有如時雨化　　유여시우화
萬物自生輝　　만물자생휘

시우時雨 : 때 맞추어 내리는 비

(현대문)

군자는 하늘의 뜻을 제대로 본받고
철인哲人은 사기事機를 잘 살피지

마치 때 맞추어 오는 비와 같이
만물이 저절로 빛이 나도다.

(이해와 해설)

1) 손재 김남택은 (1370~1436) 고려 공민왕 때 태어났으며 목은 이색의 문하에서 성리학을 하다가 조선조에 들어와 세종 조에서 예조판서를 역임하였고 이 시는 그의 가승에 전해온다. 전북 장수군에 그의 신도비가 있으며 그를 비롯한 7인의 위패를 모시는 월강사月岡祠가 장수군 장계면 월강리에 있다.

2) 김남택의 아호

'방촌황희선생문집'(2001, 1980)에 김남택의 아호를 둔재遯齋로 계속 명시하고 있는데 그의 위패를 모시고 있는 월강사에 손재遜齋로 나타나고 있어 바로 잡을 필요가 있다고 본다. 김공 집안뿐 아니라도 망할 둔遯보다는 겸손할 손遜으로 했음이 타당할 것으로 보여 진다.

3) 손재가 방촌보다 7살 아래인 것을 보면 거의 동시대를 지내오고 장수라는 고향이 같은 점에서도 매우 돈돈하면서도 존경하는 사이로 느껴진다. 특히 때맞추어 내리는 시우時雨로 인품을 묘사하는 방촌의 표현은 김공이 매우 지혜로운 성품의 선비였음을 암시하고 있는 듯 느낌을 갖게 된다.

【 한시 12 】

도승지都承旨 김돈金墩에게 붙여준 시

乞骸年去未休官　　걸해년거미휴관
伴食都堂幾厚顔　　반식도당기후안

香案從容陳老病　　향안종용진노병
須敎白髮對靑山　　수교백발대청산

　　도당都堂 : 의정부의 별칭

(현대문)

벌써 물러날 나이 지났건만 벼슬을 그만 두지 않고
도당에서 밥만 먹고 있으니 얼마나 부끄러운 일이겠나

조용한 여가 보아 임금님께 여쭈어서
휘날리는 이 백발로 저 청산이나 대하도록 해주었으면.

(이해와 해설)

1) 도승지 김돈(1385~1440)은 조선 초기 문신이다. 승지로 7년 동안 있으면서 논변이 상세하고 분명하였다는 평을 들었으며 집현전 출신으로 박학다식하고 특히 과학기기에 해박한 지식을 가진 학자였다. 이 시의 출처는 세종실록 권85, 세종 21년(1439) 6월10일에 있다.

2) 당시 방촌은 영의정으로 여러 차례 사의를 표했으나 이를 윤허하지 않자 시를 김공에게 써주어 본의를 임금에게 전달하도록 하였다. 이 시를 통해 방촌이 얼마나 겸허한 인격의 소유자였는지와 얼마나 스스로 질책하면서 마음을 비우고 직책에 임하고 있는지를 엿볼 수 있다.

3) 김공이 임금에게 알리자 '영의정이 과연 혼미 하느냐, 꼭 치사하여야하느냐'하고 묻자 김공은 '신이 보기에는 중청重聽은 있기는 하나 정신은 혼미에 이르지 않고 도덕과 지량은 세상에서 드물게 보입니다. 비록 노병으로 구부러져있으나 치사하는 것은 마땅치 않고 집에 누어서 큰일을 처리하였으면 또한 가하겠습니다.'하니 '그렇다'라고 하였다고 한다.[4]

. . . .
4) 문집 2001 1224쪽

김익생金益生에 써준 삼전운시三傳韻詩

父忠子孝海東傳　　부충자효해동전
況復家聲詩禮傳　　황부가성시례전

省室芳名華額揭　　성실방명화액게
鳳裘鯖味口碑傳　　봉구청미구비전

봉구鳳裘 : 빛나는 의복　　청미鯖味 : 맛있는 음식
편액扁額 : 방안이나 문 위에 걸어 놓는 액자

(현대문)

아비는 충신 아들은 효자라고 온 나라에 유명한데
이보다 더 좋은 가성시례家聲詩禮로 전한다오

방안에 성재省齋라는 편액扁額까지 걸렸으니
봉구와 청미처럼 대대로 전해지리.

(이해와 해설)

1) 성재省齋 김익생金益生(1388~1450)의 본관은 김해의 옛 이름인 김녕金寧김씨로 부친은 아산 입향조인 송암松菴 김질金秩의 아들이다. 송암은 고려가 망하면서 도고면 도산리에 들어와 절의를 지키며 여생을 보냈다. 성재의 벼슬은 한성부윤, 중추원부사, 충청도병마절제사를 지냈으며 증직으로 예조판서에 올랐다.

2) 효자 김익생 정려(아산시 향토문화유산)

그는 어려서부터 효성이 지극하며 평생 양친을 지성으로 섬긴 것으로 유명하다. 태종 5년(1405) 왕명으로 현재 아산시 도고면 도산리에 효자 정려孝子旌閭가 내려졌다.[5]

3) 효자 정려 지정 배경

김공이 일곱 살일 때 모친이 병환으로 식음을 전폐하였는데 엄동설한에 잉어가 먹고 싶다 하여 이를 구하고자 간절히 기원하였는데 꿈에 누군가 연못을 가르쳐 주어 다음 날 연못에 가보니 갑자기 연못이 갈라지면서 잉어가 튀어나와 잡아다 드렸다. 그러자 점차 병환이 호전되었는데 이번에는 배를 먹고 싶다고 하여 한겨울에 배를 구할 길이 없어 이곳저곳 헤매다가 겨울밤 험한 산길을 넘게 되었는데 갑자기 큰 호랑이가 나타나더니 그를 업고 달려가 어느 절 앞에 내려놓았다. 그곳에는 배나무가 있었고 나무까치둥지에 배 한 개가 있어 가져다 모친에게 봉양하였다고 한다. 이러한 효행이 널리 알려져 태종 5년(1405) 효자 정문을 받게 되었다.[6]

4) 1구, 2구, 4구의 각각에서 전傳으로 끝나는 운을 통해 한시의 묘미를 느끼게 하며 방촌이 그곳을 직접 방문하여 본 후에 작성된 시 임을 느끼게 한다. 따라서 태종 5년 정려 건물이 생긴 후 왕명으로 그곳을 방문하지 않았을까하는 추측도 갖게 한다.

• • • •

5) 도산리는 사육신 박팽년朴彭年이 유년기를 보낸 곳으로 외조부 김질로부터 많은 사랑과 교육을 받고 자랐다고 한다. 그가 성장하여 문과에 급제한 후 단종복위 사건으로 3대가 멸족되고 가산 모두가 몰수되는 사육신으로 되었지만 충절 기백만은 꺾을 수 없었는데 그러한 정신이 그곳에서 밑바탕이 이루어졌다고 역사학자들은 평가하고 있다. 김녕 김씨 가승에 전하며 세종실록 권99 1번째 기사로 올라있다.(세종 25년 2월6일 임진)
6) 한국향토문화전자대전

【 한시 14 】

퇴휴당退休堂 김순金順의 여묘석廬墓席에서 써 준 시

始見人間大舜來   시견인간대순래
剖氷求鯉自灰灰   부빙구리자회회

笋生雪裏誠心厚   순생설리성심후
雉下苦前孝(缺)   치하접전효

여묘廬墓 : 상제가 무덤 근처에 여막을 짓고 살며 무덤을 지키는 일
대순大舜 : 오제五帝의 하나인 우순의 아들로서 계모에게 지극한 효도로써
학대하는 마음을 되돌리게 했다고 서경書經에 전함
부빙구리剖氷求里 : 진 나라 때 왕상이 계모에게 효도가 지극하여
겨울철 얼음 속에서 잉어가 뛰어나왔다는 고사
죽순竹笋 : 삼국시대 오나라 맹종이 한 겨울에 그의 어머니가
죽순을 먹고 싶다는 말을 듣고 어떤 죽림에 들어가 울부짖은 결과,
갑자기 죽순이 생겨 어머니께 바쳤다는 효도 일화

(현대문)

세상에 대순이 온 것을 비로서 보았는데
얼음을 깨고 잉어를 구하는 일은 넉넉히 할 수 있었겠네

눈속에 돋는 죽순을 얻는 것은 특별한 성의 없이 되겠는가
여막 앞에 내리는 꿩도 효도 (두 글자 빠짐)

（이해와 해설)

1) 김녕 김씨 가승에 전해온다. 퇴휴당 김순은 고려조에서 호조판서를 역임하고 영의정에 추증되었으며 고려가 망하자 벼슬에서 물러나 충북 옥천 백지리에 작은 정자를 짓고 아호를 퇴휴당退休堂으로 하였다고 한다.

2) 여묘석에서 써준 시로 보아 방촌이 그곳을 방문했던 것으로 보이며 고사를 인용, 그의 효행을 크게 흠모하였을 것으로 판단된다. 작성 시기는 고려 말에서 조선 초기로 추측된다.

【 한시 15 】

탁광무卓光茂의 원운原韻에 차운次韻한 시

入簾山月白　　입렴산월백
消息瞥然看　　소식별연간

憂道閒猶樂　　우도한유락
易知忘亦難　　이지망역난

共離成夢穩　　공리성몽온
相訪詩人寬　　상방시인관

風雪雖侵內　　풍설수침내
溫房可耐寒　　온방가내한

　　주렴珠簾 : 구슬을 꿰어 만든 발

(현대문)

산 위에 밝은 달빛 주렴珠簾으로 들어올 때
그대의 소식 언뜻 실려온 듯 하구려

도道를 걱정하면 한가로움도 오히려 낙樂이건만
알기는 쉬워도 잊기란 어려운가 보오

이별한 후로 꿈만 자주 꾸는데

언제 서로 만나 조용히 이야기 나눌까

눈보라가 비록 마음을 쓸쓸하게 하나

방이 따뜻하니 가히 추위는 참아낼 수 있다오.

(이해와 해설)

1) 이 시는 탁씨 가승에 전하며 탁광무와 방촌이 서로의 안부를 묻는 오언율시이다. 탁광무(1330~1410)의 본관은 광산光山이며 호는 경렴景濂으로 고려 후기 문신이다.[7]

2) 그는 우탁 이제현에게 배우고 이색·정몽주 등과 교유했으며 공민왕 때 좌간의대부를 거쳐 예의판서에 올랐다. 그러나 신돈일파와 맞서다가 모함을 당해 낙향하였으나 아호대로 경렴정景濂亭을 짓고 새로운 선비문화를 일으키고자 노력했다고 전한다.

3) '이별한 후 꿈만 자주 꾸는데'라는 표현에서 방촌이 탁공을 매우 신뢰하고 마음 깊은 우정을 나눌 수 있는 따뜻한 한 사람의 벗으로 느끼고 있음을 알게 한다.

• • • •

7) 경렴 탁광무는 '호남'이라는 용어를 최초로 사용한 것으로 알려져 있으며, 2018년 광주에서 '경렴정복원추진학술대회'가 개최되었다.

【 한시 3-8-1 】

탁광무의 원운

雅面多年別	아면다년별
佳音隔月看	가음격월간

優游終不易	우유종불이
契活久經難	계활구경난

顧我安危係	고아안위계
羨君德義寬	선군덕의관

莫知風雪夜	막지풍설야
思欲問飢寒	사욕문기한

(현대문)

단아한 모습 여러 해 못 본 채
좋은 소식 들은지도 두어 달이 지났구려

마음껏 놀기란 끝내 쉽지 않고
생활에 시달려 숱한 어려움을 겪네

나도 안위에 매인 몸이건만
그대의 덕이 어찌 그리 너그러운가

눈보라 치는 밤 어찌 지내는지 알지 못하여
춥고 배고픈 사정 묻고 싶구려.

(이해와 해설)

'그대의 덕이 어찌 그리 너그러운가'라는 탁공의 표현에서 방촌이 지닌
능력 중 최고로 알려진 관후寬厚가 바로 떠오르며 그 관후가 그의 삶과
성공의 밑받침임을 우리 모두에게 느끼게 한다.

【 한시 16 】

이정간李貞幹의 경수연慶壽宴을 축하한 시

九重宮醞賜榮親　　구중궁온사영친
秩秩華筵寵益新　　질질화연총익신

獻壽高堂偏雨露　　헌수고당편우로
更沂明主享千春　　갱기명주향천춘

(현대문)

구중궁 좋은 술로 영친연 하사하니
빛나는 이 자리에 은총이 더욱 새롭구나

구십 노모 위해서 마음껏 축수한 다음
또 밝은 임금 향하여 천년향수 기원한다오.

(이해와 해설)

1) 이정간(1360~1439)의 본관은 전의全義이며 시호諡號는 효정공孝靖公으로 조선 전기 문신이다. 음직으로 관직에 올라 강원도관찰사가 되었고 벼슬을 마치고 은퇴한 후 수 십년간 극진하게 부모를 모셔왔다. 70세가 넘었을 때 어머니가 90세에 이르렀다. 그의 극진한 효성이 전해져 세종14년(1432) 4월 25일 중추원사를 제수 받고 궤장几仗(안석과 지팡이)을 내리면서 특별히 경수연을 성대하게 베풀었다.

2) 세종이 경수연에서 전한 어필

그날 참석한 백관들이 축하하면서 지은 글이 '경수집慶壽集'에 전하는데 세종이 전한 어필의 내용은 8자로 '가전충효家傳忠孝 세수인경世守仁敬'이다.[8]

3) 방촌도 그날 같이 궤장을 받게 되었다. 이 시를 통해 조선조에서 부모에 대한 효도가 얼마나 중요한 국가통치의 한 부문이었음을 잘 보여주며 후술하는 방촌의 한시는 그의 효행을 좀 더 자세히 구체적으로 알려 준다.

• • • •

8) 세종실록 권56 14년 4월 25일 계축

이정간의 경수연에서 지은 시

七旬元老髮如絲	칠순원로발여사
獨宥期頤堂上慈	독유기이당상자
養志承歡尊聖敎	양지승환존성교
娛親餘事作兒嬉	오친여사작아희
街童港婦爭相誦	가동항부쟁상송
門客燐人無異辭	문객인인무이사
擢置崇班旌懿德	탁치숭반정의덕
朝衆多士仰風儀	조삼다사앙풍의
紫泥半濕華箋至	자니반습화전지
烏几更頒鳩仗隨	오궤갱반구장수
宮醞帶香仍賜樂	궁온대향잉사악
世間榮孝見今時	세간영효견금시

(현대문)

칠순 원로로 백발이 날리는데
백세 가까운 홀 어머님이 계시네

성인의 가르침 따라 비위 정성껏 봉양하고
가끔 어린애처럼 웃기기도 한다네

마을 아이들과 부인들 까지 다투어 서로 칭송하며
찾아드는 손님이나 이웃 사람 다른 말이 없네

숭반에 뽑아 올려 거룩한 덕 표창하니
조정에 참여한 많은 선비 모두 우러러 보네

먹도 채 마르지 않은 교지가 내려지고
잇달아 장궤까지 받게 되었네

향기로운 어사주에 거듭 풍악까지 내려 주시니
세간의 영화로운 효도 오늘 비로소 보았네.

(이해와 해설)

1) 앞서 한시 16이 경수연을 축하한 시라면 한시 17은 경수연의 정경을 사실대로 알리고 있는 시이다. 효정공이 남녀노소에 이르기까지 모든 사람들의 칭송을 받고 있었던 사실에 경수연에서 어사주御賜酒며 궤장까지 받은 내용을 매우 상세하게 묘사하고 있다.

2) '영화로운 효도 오늘 비로소 보았도다'에서 방촌도 그의 효행을 매우 부러워하는 솔직한 심경을 피력하고 있다.

제4장

방촌과 관련한 시

방촌 영당(경기도 기념물 제29호)

1. 방촌의 삶과 관련한 시

　한글 시조 4수와 한시 8수 등 도합 12수를 '방촌의 삶과 관련한 시'라는 제목 하에 싣는다. 특히 고불 맹사성의 '강호사시가'는 '황희사시가'와 함께 조선 초기 사대부의 연시조로 국문학사에 앞으로 더욱 귀중하게 다루어질 귀중한 한글 시조이다.

　이어서 이우당 이경의 '만황방촌희내실'과 형재 이직의 '좌상황공모친만사'를 싣는다. 이 2편의 만시는 비교적 잘 알려져 있지 않은 시이다.

　또한 유종원의 '강설'과 '어옹' 2편의 시와 맹교의 '송유순'과 '유자음' 등 4편의 한시 중 유종원의 2편의 시는 방촌의 사시가 중 겨울 풍경을 묘사한 '고기 낚는 늙은이'(한글 시조 4)와 시상과 시어들이 겹치는 부분이 많아 오래 전부터 주목을 받아왔다.

　아울러 맹교의 '송유순'은 반구정내 방촌 동상 좌대에 초서체로 음각되어 있는 방촌 서예 작품 중 하나로 방촌이 애송한 시로 알려져 있다.

　함께 기술된 성석린과 정탁의 2편의 시는 '평안도순문사로 떠나는 황판서를 전별한 시'로 당시에는 많은 전별시가 있었으리라 추측되나 현재로는 문집에 2편만이 전하고 있어 이곳에 '방촌의 삶과 관련한 시'로 싣는다.

시조 4-1~4 고불古佛 맹사성孟思誠의 강호사시가江湖四時歌

【 시조 4-1 】

봄

강호江湖에 봄이 드니 미친 흥興이 절로 난다
탁료계변濁醪溪邊에 금린어錦鱗魚 안쥐로다
이 몸이 한가閑暇ᄒ옴도 역군은亦君恩 이샷다.

> 미친 흥興 : 너무 좋아 어쩔 줄 모르는 흥취
> 탁료계변濁醪溪邊 : 막걸리를 마시며 노는 물놀이
> 금린어錦鱗魚 : 쏘가리, 여기서는 물고기의 총칭
> 역군은亦君恩 이샷다 : 이것 또한 임금의 은혜다.

(현대문)

강호에 봄이 되니 뛸듯이 흥취가 절로 생긴다
술을 마시며 노는 물놀이에 쏘가리가 안주로구나
이 몸이 한가한 것도 또한 임금의 은혜로구나.

【 시조 4-2 】

여름

강호江湖에 녀름이 드니 초당草堂에 일이 업다
유신有信ᄒ 강파江波ᄂ 보내ᄂ니 ᄇ람이로다
이 몸이 서늘히옴도 역군은亦君恩 이샷다.

> 유신有信한 : 믿음직한
> 강파江波 : 강물이 출렁거려 일어나는 물결

(현대문)

강호에 여름이 되니 초당에 할 일이 없구나
의례히 출렁이는 물결은 보내는 것이 바람이구나
이 몸이 서늘하게 지내는 것도 또한 임금의 은혜로구나.

【 시조 4-3 】

가을

강호江湖에 ᄀᆞ을이 드니 고기마다 ᄉᆞᆯ쪄 잇다
소정小艇에 그믈 시러 흘리 ᄯᅴ여 더뎌두고
이 몸이 소일消日 ᄒᆞ옴도 역군은亦君恩 이샷다.

> 흘리 ᄯᅴ여 더뎌두고 : 배가 물결 따라 흘러가도록 내버려두고
> 소일消日하옴도 : 하루하루를 지내는 것도

(현대문)

강호에 가을이 되니 고기마다 살쪄 있구나
자그마한 배에 그물을 싣고 흘러가는 대로 띄워 두고
이 몸이 하루하루를 지낼 수 있는 것도
또한 임금의 은혜로구나.

【 시조 4-4 】

겨울

강호江湖에 겨월이 드니 눈 기픠 자히 남다
삿갓 빗기 쓰고 누역으로 오슬 삼아
이 몸이 칩지 아니 ᄒᆞ옴도 역군은亦君恩 이샷다.

> 자히 남다 : 한 자가 넘는다
> 빗기 : 비스듬히
> 누역 : 도롱이

(현대문)

강호에 겨울이 되니 눈이 한 자 넘게 왔구나
삿갓을 비스듬히 쓰고 도롱이를 옷을 삼아
이 몸이 춥지 않은 것도 또한 임금의 은혜로구나.

(이해와 해설)

1) 맹사성孟思誠(1360~1438)의 고향은 충남 아산 신창으로 호는 고불古佛이며 마지막 벼슬은 좌의정을 지냈고 시호는 문정공이다. 방촌과는 거의 동시대를 살았으며 매우 돈독한 사이로 국정운영의 동반자와 같은 관계로 알려져 있다. 아산 맹씨행단孟氏杏檀은 국가사적으로 맹사성고택 은행나무 구괴정 등이 유명한데 강호사시가의 시비도 함께 건립되어 있다.

2) 출처는 진본 청구영언이며 내용으로 보아 은퇴 후 작성된 것이 분명하므로 황희의 사시가와 함께 한글 시조 역사상 최초의 연시조連時調로서 국문학사에 귀중한 위치를 점하고 있다.

3) 이 시의 특징은 4연 모두가 초장은 '강호에 ---드니'로 시작하고 종장은 '이몸이 ---하옴도 역군은 이샷다'로 끝맺는 고정된 틀을 갖고 있다는 것이다. 이러한 형식의 안정감은 조선전기의 사회적 안전성과 맥락을 같이하며 시조 전체적인 내용에서 모든 계절의 사회적인 풍요로움을 보여 주고 있다는 점이다.

4) 이러한 풍요로움과 갈등 없음을 군은君恩과 연결시키는 것이 현대사회 속에서는 무리가 따르나 당시로서는 자연의 정취를 즐길 수 있다는 것도 임금의 은혜와 연결되어 있음을 고불은 크게 강조하고 싶었던 것으로 이해된다.[1]

5) 여기서 지적하고 싶은 한 가지는 강호사시가가 국문학사상 최초의 연시조로 주목받고 있는데 실제 황희의 사시가가 이보다 10년에서 20년 전에 작성되었을 것이라는 추정이 되므로 이에 대한 추후 연구를 통해 황희의 사시가가 갖는 중요성이 더욱 주목되어야한다고 느껴진다.

• • • •
1) 신연우 「사대부시조와 유학적일상성」 이회 2000 58~71쪽

【 한시 4-5 】

이우당 이경의 만황방촌희내실

만황방촌희내실輓黃厖村喜內室

嫁輿學士宅	가여학사댁
淑德世仁知	슉덕세인지
資具婦女道	자구부녀도
淚下死生悲	루하사생비
世債哀榮備	세책애영비
閨範繼嗣宜	규범계사의
善家多餘慶	선가다여경
天報使人疑	천보사인의

애영哀榮[2] : 생전과 사후 모두 영광스럽게 된 것을 말함

규범閨範 : 부녀자가 지켜야 할 도리

(현대문)

학사 댁으로 시집 갔는데
맑은 덕은 세상 사람이 다 알아보았네

• • • •

2) 애영哀榮 '살아 계실 때에는 모두가 영광스럽게 여겼고 돌아가셨을 때에는 모두가 애통해
하였다.生也榮 死也哀' 논어 자장子長편에서 유래

자질은 부녀의 도를 갖추었으니
눈물은 생사로 나뉘는 슬픔에 떨구어졌네

세상에 지은 빚은 애영哀榮을 갖춘 것이요
규범閨範은 후사를 잇기에 마땅하였네

선행을 하는 집에 경사가 넘치는 법인데
하늘의 보답은 의문을 갖게 하네.

(이해와 해설)

1) 방촌 부인 최씨가 세상을 떠난 것은 방촌 24세(1386) 때이므로 26년이라는 연령 차이에도 불구하고 이우당 이경과는 매우 오랜 교분이 있었던 것으로 보인다.

2) 앞서의 한시 3 반구대를 차운한 시에서 언급한 바와 같이 이경은 이색의 제자로 24세 때인 1362년 정몽주와 함께 진사시에 급제로 좌정언 화주목사에 제수되었으나 모두 사양하고 두문동에 은거하다 생을 마쳤다고 한다.

3) 이 시는 젊은 나이에 세상을 떠나게 된 애석함이 잘 표현되어 있고 이우당실기에 전해온다. 이경의 두 편의 시는 방촌이 두문동에 들어가게 되고 나오게 된 이유를 추측할 수 있는 간접적인 증거가 됨에 매우 중요한 역사적인 의미를 갖게 한다.

형재 이직의 좌상황공모친만사

여기서 영의정 이직李稷이 방촌 모친상 때 애도시인 '좌상황공모친 만사左相黃公母親輓詞'를 함께 싣는다. 이시는 이직의 '형재시집'에 있는 7언 율 시로서 조선조 내내 국가에 대한 충성과 부모에 대한 효도가 매우 중요한 국가통치의 한 부문이었음을 다시 인식케 한다.

이직의 좌상황공모친만사

老子崇班簮搢紳　　노자숭반요진신
天敎應數出忠臣　　천교응수출충신

高門豈獨于公慶　　고문개독우공경
盛德皆稱盟母隣　　성덕개칭맹모인

通籍諸孫揚宦路　　통적제손양환로
兩髦全節動詩人　　양모전절동시인

定知無憾重泉下　　정지무감중천하
終始哀榮過八旬　　종시애영과팔순

나이 든 아들은 높은 반열의 조정의 대신
하늘이 내린 운수에 응해 충신이 나왔네

높은 문 만들고 경사스러운 일 어찌 우공뿐이랴
성대한 덕으로 이웃을 고른 맹자 어머니 칭찬들 하네

여러 자손들 벼슬길에서 입신양명하였고
수절하신 굳은 절개에 시인을 감동 시킨다네

황천에서 조금도 유감없으리라는 것을 알겠으니
인생의 슬픔과 영광 팔십을 넘기셨도다.

(이해와 해설)

1) 형재亨齋 이직李稷(1362~1431)은 성주 이씨로 우왕 13세 약관에 문과에 올라 당대 이미 천재로 명성이 있었다. 공양왕 때 예문관 대제학에 올랐으며 조선이 개국된 후 개국공신에 책록되고 지의금부사를 받았다. 태종과도 가까워 조선조 최초 이조판서가 되었는데 1418년 좌의정 때 태종이 세자 양녕대군을 폐하고 충녕대군으로 세자로 삼으려 할 때 방촌과 함께 이를 반대하고 나섰다.

2) 결국 이직 역시 고향인 성주로 유배당해 위리안치圍籬安置되는[3] 처벌을 받았다. 1422년 세종4년 좌의정에 복직하였다가 1425년 영의정으로 승진시켜 그의 충성심을 평가하였다. 이직은 6년간 영의정자리를 지키며 세종을 돕다 1431년 70세로 눈을 감았다. 세종은 이직의 묘에 손수분향하며 조의를 표하며 문경공文景公이란 시호를 내렸다.

3) 이조년의 증손으로 방촌과 남다른 인연

이직은 고려 때 시조 다정가로 유명한 이조년의 증손이고 방촌과의 유배기간을 포함 매우 오랜 기간 교우한 남다른 인연으로 위의 시는 방촌 모친이 세종 9년(1427)에 별세하시니 그때 지은 것으로 판단된다.

4) 조선 초기 시조로 잘 알려진 이직의 백로가白鷺歌를 이곳에 기술한다.

까마귀 검다하고 백로白鷺야 웃지 마라
겉이 검은들 속조차 검을 소냐
겉 희고 속 검은 이는 너 뿐인가 하노라.

> 까마귀 : 조선의 개국공신을 비유함.
> 백로白鷺 : 왜가리 과의 새 중 옷 빛이 흰색인 새를 통틀어 이르는 말인데,
> 여기서는 고려 조 유신을 풍자함.

5) 아울러 이직의 조부 이조년(1269~1343)의 고려 때 유명한 시조 다정가多情歌를 이곳에 같이 싣는다.

• • • •
3) 위리안치는 죄인을 귀양살이 하는 곳에서 달아나지 못하도록 가시로 울타리를 만들고 그 안에 가두어 두는 일을 이르던 말

이화李花에 월백月白하고 은한銀漢이 삼경三更인제
일지춘심一枝春心을 자규子規야 아랴마는
다정多情도 병病인 냥하여 잠 못 드러 하노라.

이화梨花에 월백月白하고 : 환한 달빛이 배꽃에 비치어 한층 더 하얗게 보이는 것
은한銀漢 : 은하수
삼경三更 : 밤11시부터 새벽 1시까지, 한 밤중을 이르는 말
일지춘심一枝春心 : 나무 가지에 깃든 봄의 뜻
자규子規 : 두견새, 두견새는 중국 촉蜀나라 망제望帝가 죽어서 된 새라고 한다.
그는 믿었던 신하에게 나라를 빼앗기고 쫓겨났는데 이러한 자신의 신세를
한탄하며 울다 죽었다고 한다. 문학 작품에서 두견새는 억울하고
슬픈 사정에 처한 인물을 대변하는 동물로 주로 사용된다.

【 한시 4-7 】

유종원의 강설江雪

앞서 한글 시조 4에서 언급한 바와 같이 방촌은 '고기낚는 늙은이'를 통해 겨울 강에서 외로운 배를 혼자 타고서 낚시질하는 노옹老翁의 심경을 표현하는 시조를 지었는데 이는 유종원의 '강설'과 '어옹' 두시의 시상과 겹치는 부분이 많아 이곳에 함께 싣는다.

유종원의 강설江雪

千山鳥飛絶　　천산조비절
萬徑人踪滅　　만경인종멸

孤舟簑笠翁　　고주사립옹
獨釣寒江雪　　독조한강설

　천산千山 : 이산 저산 수많은 산
　만경萬徑 : 이길 저길 모든 길
　사립옹簑笠翁 : 도롱이 삿갓 쓴 노인

(현대문)

산이란 산에는 새 한 마리 날지 않고
모든 길에선 사람 발길 끊어졌는데

외로운 배에 도롱이와 삿갓 쓴 늙은이가
눈 내리는 겨울 강 홀로 앉아 낚시질하네.

(이해와 해설)

1) 유종원(773~819)은 경물의 관찰과 묘사가 치밀한 산수시를 잘 쓴 시인으로 당송팔대가의 한 사람이었는데 영주지방으로 좌천되어 비교적 한적한 생활을 하면서 한결 자유로운 가운데 자연을 음미하는 산수시를 지었다.

2) 강설은 그의 대표작 중의 한 수로 평가 받고 있는데 방촌 역시 어지러운 속세와 정치적인 시비를 벗어난 은둔에 가까운 생활을 하던 당시의 자화상이 바로 노옹의 심경이었을 것이라는 상상이 쉽게 떠오르며 방촌이 이 시들을 애송하였으리라는 추측을 갖게 하며 여기서 한글 시조 4가 나오게 되었으리라고 본다.[4]

· · · ·
4) 이혜화 「방촌황희선생의 사상과 얼」 파주문화원 1994 51쪽

【 한시 4-8 】

유종원의 어옹漁翁

| 漁翁夜傍西巖宿 | 어옹야방서암숙 |
| 曉汲清湘燃楚竹 | 효급청상연초죽 |

| 烟鎖日出不見人 | 연쇄일출불견인 |
| 欸乃一聲山水綠 | 애내일성산수록 |

| 廻看天際下中流 | 회간천제하중류 |
| 巖上無心雲相逐 | 암상무심운상축 |

서암西巖 : 영주의 서산西山
청상清湘 : 상강湘江의 맑은 물, 상강은 호남성을 북상하여 동정호로 흘러든다.
초죽楚竹 : 초 지방에서 자라는 대나무
애내欸乃 : 원래는 노 젓는 소리, 여기서는 어부의 노래를 가리킨다.

(현대문)

고기잡이 밤을 서산의 바위틈에서 지새고
새벽녘 상강의 맑은 물 떠다가 초죽 꺾어 불 피우네

연기 사라지고 해가 돋더니 사람 보이지 않고
삐걱 노 젓는 소리에 산과 물이 온통 파랗기만 하네

고개 돌려 하늘 끝 저쪽 바라보니 배 둥실 떠나가고
바위 위엔 무심한 구름만 오락가락.

(이해와 해설)

1) 이 시는 유종원이 영주사마로 좌천돼 있을 때 지은 것으로 어부의 자유롭고 한적한 생활을 묘사한 시이나 마음속에는 좌절감이나 울적함으로 가득 차 있다.

2) 이 시에서의 어옹의 자유롭고 한적한 생활 모습은 바로 시인의 마음속에 그리고 있는 이상을 보여주며 그의 쓸쓸한 심경을 나타낸 것으로 보인다.[5]

· · · ·
5) 이병한 외 『당시선』 서울대출판부 2009 524~525쪽

맹교孟郊의 송유순送柳淳

　반구정 내 방촌 동상에 방촌 유묵 2편이 음각되어 있는데 우측의 관
풍루 제목의 한시는 앞서 한시 2-2에서 검토되었기에 이곳에서는 좌측의
초서체로 음각되어 있는 맹교의 송유순送柳淳(유순을 보내며)에 대한 시
를 감상해본다.

맹교의 송유순送柳淳 유순을 보내며

青山臨黃河　　청산임황하
下有長安道　　하유장안도

世上名利人　　세상명리인
相逢不知老　　상봉부지노

(현대문)

청산은 황하로 이어지고
그 아래 장안으로 가는 길이 있다

세상에서 명리를 추구하는 사람들은
만나도 서로 늙는 것조차 모른다.

(이해와 해설)

1) 맹교孟郊(751~814)는 유명한 당唐 시인으로 호는 동야東野로 저장성 덕청현 사람이다. 그는 젊어서 숭산嵩山에 은거하였으며 49세에 비로소 진사에 급제하여 율량 현위 등의 하위관직을 역임하였으나 곧 벼슬을 내놓고 귀향했다. 성격이 강직하여 잘 어울리지 않았으나 당송팔대가인 한유韓愈와는 매우 절친하였다고 한다. 작품집으로 맹동야집孟東野集이 전한다.[6]

2) 청산은 굽이굽이 황하로 이어지고 청산 아래 큰길은 장안으로 향하지만 황하로 흘러가는 길과 사람들이 장안으로 가는 길은 서로 반대 방향으로 서로 양립하지 않는다. 명리를 얻고자 장안으로 모여드는 자들은 자기가 늙어가는 것조차 모른다. 맹교는 시를 고통스럽게 짓는 고음시인苦吟詩人으로 그 힘겨운 과정을 통해 이렇게 단아한 시를 읊는 것으로 유명하다.

• • • •
6) 이병한 외 『당시선』 서울대출판부 2009 629쪽

【 한시 4-10 】

맹교孟郊**의 유자음**遊子吟

방촌 유묵으로 동상 좌측에 암각되어 있는 앞서 시로 보아 방촌이 맹교의 시를 매우 즐겨 암송하였을 것 같은 상상을 하면서 그를 대표하는 시로 알려져 있는 유자음遊子吟(떠돌이 아들의 노래)을 이곳에 함께 싣는다.

맹교孟郊의 유자음遊子吟 떠돌이 아들의 노래

慈母手中線　　자모수중선
遊子身上衣　　유자신상의

臨行密密縫　　임행밀밀봉
意恐遲遲歸　　의공지지귀

誰言寸草心　　수언촌초심
報得三春暉　　보득삼춘휘

　촌초심寸草心 : 풀 같이 연약한 보잘 것 없는 마음
　삼춘휘三春暉 : 봄날의 햇빛, 어머니의 넓고 고루 미치는 사랑을 비유한다.
　삼춘三春 : 봄날 삼 개월

(현대문)

인자한 어머니 손끝의 침선이
떠돌이 신세인 나의 옷을 만들었네

떠나기 전 촘촘히 꿰매시는 것은
뜻을 못 이루어 방황할까 걱정해서라네

누가 감히 말할 수 있으리오 풀 같은 연약한 효심이
봄 빛 같은 어머니 은혜를 갚을 수 있다고.

(이해와 해설)

1) 이 시는 맹교가 과거를 보려고 떠나기에 앞서 부모의 은혜에 조금이나마 보답하려는 자신의 마음을 표현한 시로 중국초등학교 1학년 교과서에 실릴 정도로 유명하며 중국인들 대표적인 애송시로 알려져 있다.

2) 셋째 구句의 '밀밀密密'과 '지지遲遲'는 어머니와 아들의 마음을 서로 대비한 것으로, 특히 '밀밀'이란 표현 속에서 평범한 일도 예사롭게 넘기지 않는 예리한 관찰력을 지니고 있고 이를 시에 적절히 응용할 수 있는 시인임을 보여준다. 또한 '촌초심寸草心'과 '삼춘휘三春暉'라는 극명한 대비를 통해 어머니의 사랑을 표현한 시구가 명구로 꼽힌다.[7]

3) 맹교 고향인 저장성 덕청德靑에 가면 그곳 사람들의 맹교에 대한 대단한 사랑과 자부심을 읽을 수 있을 정도로 곳곳에서 그의 자취를 찾아볼 수 있으며 덕청박물관에는 그가 어머니를 위해 팠던 우물과 우물 옆에 세웠던 비석이 전시되어 있고 유자음遊子吟 시가 부조로 조각되어 있다고 한다.

• • • •

7) 이병한 외 「당시선」 서울대출판부 2009 442~443쪽

【 한시 4-11 】

성석린의 전별시(송황판서순문평안도시)

태종 17년(1417년), 방촌 나이 55세때 평안도 도순문사 겸 평양윤으로 가게 된다. 양녕의 실덕을 계속 변호하다 이조판서에서 공조판서로 좌천된 후 일 년이 체 안 된 시점이며 충녕으로 양위를 마음 속 굳히게 된 태종의 눈 밖에 난 결과이다. 외직으로 보내짐에 따라 많은 명현들이 애석해하며 전별시를 보내왔던 것 같다. 현재는 성석린과 정탁 2수의 전별시가 문집에 전하고 있어, 이곳에 한시 본문은 생략하고 한글번역본만 수록한다.[8]

송황판서순문평안도시 送黃判書巡問平安道詩

전번에 그대가 이판으로 있을 때 늙은 나도 그 자리만을 채우고 있었네. 워낙 서툴고 실제에 어두워 심상한 일에도 실수가 많았는데 그대의 알아줌을 힘입어 어리석다는 비평은 면하였네.

그대는 금규金閨안에서 왕명을 출납하였고 조용히 향안香案 앞에서 임금을 모셨으며 마치 저울추와 저울대처럼 물정을 잘 헤아렸고 좋은 의견을 있는 대로 진언하여 임금의 뜻을 감동 시켰으며 한결 근신하여두드러진 바 없는 듯하였으나 명성이 이로부터 드날렸어라.

경제의 재주임을 정확히 알아 국가의 기무를 맡기셨네. 춘풍 같은 인정은 의정부에 따뜻하고 추상같은 위엄은 사헌부에

8) 문집 2001 1377~1380쪽

차가워라. 이리저리 많은 보필을 다하여 빛나는 공명을 이루었네. 정사는 삼왕三王의 것을 본받고 인재는 육사六事로써 가리었으며 인원과 직무에 체계가 정연하여 그 치적이 치우치거나 부정이 없었네.

멀다! 평안도의 백성이며 어려울사! 순문사의 임무일세. 임금의 부탁을 지척에서 받고 민정을 한번 말끔히 할 뜻을 굳혔어라. 거기는 옛날 기자의 봉지로 아직도 팔조八條의 유풍이 남았으며 웅대한 번진으로 요지에 위치하여 정무 또한 산처럼 쌓였으리. 이는 경과 중이 관계되는 일인데 어찌 한 때의 이별을 섭섭해 하랴? 연광年光은 환정宦情을 느끼게 하고 봄 경치는 시상을 자아내네. 들이 넓으니 물 흐름이 더디고 눈이 녹으니 강이 불어나며 앞에는 많은 하인이 길을 정리하고 뒤에는 천여의 기병이 옹위하네.

막사에 들면 마음이 통하는 막빈이 있고 서로 대화하는 데는 저속한 관리가 없으며 봄과 마음을 안무에 다하니 백성이 스스로 안정되고 융마戎馬의 기세가 사라지니 도타운 풍속이 이뤄지리. 물이 부벽루에 맑고 꽃이 영명사에 지면 응당 옛 유객이 생각날 터이라. 저절로 게을러져 한 귀의 시도 없겠지.

삼왕三王 : 우 탕과 문 또는 무
육사六事 : 여기는 금사金史 백관지百官志에서 말한 여섯가지 일
팔조八條 : 우리나라 고대사회에서 시행되던 여덟가지 금법禁法
연광年光 : 변하는 사철의 경치
환정宦情 : 벼슬을 하고 싶어 하는 마음
융마戎馬 : 군사와 말들

(이해와 해설)

1) 성석린成石璘(1338~1423)의 본관은 창녕, 호는 독곡獨谷이며 고려 말 조선 초기 명신으로 태종 때 영의정을 지냈다. 말년에 관직에서 물러나 검소한 생활을 즐겼으며 시문에 능하고 시호는 문경文景이다.

2) 제1차 왕자의 난 이후 태조가 함흥에 머물렀는데 태종이 여러 차례 사자를 보냈으나 감히 문안을 전달하지 못하자 이에 성석린이 태조의 옛 친구로서 조용히 인륜의 변고를 처리하는 도리를 진술하여 비로소 태조와 태종이 화합하는 계기를 만들었다는 것으로 유명하다.

3) 이 전별시는 태종 17년(1417), 영의정 때 방촌이 외직인 평안도 도순문사로 떠나게 되자 이를 애석히 여기면서 그와의 관계를 담담하게 적는 한편 방촌의 그간의 노력과 성과를 칭송하면서 앞으로의 미래도 음유적으로 표현하고 있다.

【 한시 4-12 】

정탁의 전별시(송황판서순문평안도시)

송황판서순문평안도시 送黃判書巡問平安道詩

대동강 물결은 푸르러 쪽물 같고 영명사 누각은 풍랑에 잠겼어라. 전날 사신으로 금릉金陵에 들어갈 때 아름다운 그곳 경치에 끌려 말을 멈추었네. 원융元戎이 나를 환영하여 구경에 참여시키므로 누에 올라 눈을 굴려 강물을 감상하였네.

진기한 음식에 맛진 술이 그득한데 하루 종일 떠나지 못해 패옥과 비녀조차 떨어뜨렸으며 미인의 고운 춤은 회오리바람을 일으키고 연꽃은 햇빛에 반사해 취한 얼굴을 시기했으며 곁길에서 잽싸게 달리는 무사의 기세는 마치 먹이를 노리는 맹호와 같았네.

거기는 옛부터 웅대한 번진藩鎭이라 칭하므로 그 직책에 그 사람이 아니면 어려워라. 성상聖上이 서방에 대한 걱정을 그대에게 맡기셨으니 잠시 묘당廟堂에서의 의회 참여를 보류하소. 어려서 배워 한창 때 활용하는 것이 남아의 웅지요. 집안에만 편안히 앉았는 것은 매우 달갑지 않은 일일세. 지금 나라를 다스릴 도구가 다 마련되고 창생蒼生이 아무 탈 없이 생업에 종사하니 숨겨진 부정이나 집어내는 것은 사소한 일에 불과하네. 몇몇 교활한 자들의 헛 잡담을 뭐 따지겠는가?

오직 기대는 팔조八條의 유풍을 닦고 밝혀 덕택이 온 백성에
미치게 함일세. 삼대三代의 치적을 만회함이 이번 길에 있으
니 모쪼록 노력하여 이남二南의 풍속에 화답하소.

금릉金陵 : 명의 수도
원융元戎 : 그 당시 순무사巡撫使의 이름인 듯함
묘당廟堂 : 의정부를 이르던 말
창생蒼生 : 세상의 모든 사람
삼대三代 : 공자가 칭찬하던 하 은 주夏 殷 周 세 나라
이남二南 : 주남周南과 소남召南, 주공은 안에서 소공은 밖에서 문왕의 덕정을
도와 남방에 있는 제후들 모두 호응하였음

(이해와 해설)

1) 정탁鄭擢(1363~1423)은 고려 말 조선 초의 문신으로 본관은 청주이
며 호는 춘곡春谷이다. 벼슬은 판한성부사 우의정을 지냈으며 시호는 익
경翼景이다. 이성계의 추대를 제일 먼저 발의한 공로로 개국공신에 책록
되고 특히 명에 네 번이나 다녀왔다.

2) 특히 방촌과 같은 해에 출생한 인연이며 앞서 성석린의 전별시와 같
이 방촌이 지닌 능력과 역할로 보아 머지않아 조정에 다시 돌아올 것 같
은 암시를 표현하고 있다. 또한 당시 명현들의 국정 운영과 목표가 중국
고대사와 문헌에 크게 의존하고 있음을 여지없이 보여준다.

2. 소공대와 관련한 시

'1423년 강원도 관찰사로 파견된 방촌은 가는 곳마다 보관미를 풀어 백성을 구제했다. 특히 삼척지방에 기근이 심했는데 방촌의 헌신적인 노력에 힘입어 삼척 지방에는 굶어 죽은 사람이 한명도 없었다고 한다. 삼척 지방 사람들은 방촌이 다니며 쉬었던 산중턱에 돌로 탑을 쌓고 그 이름을 중국 역사상 가장 정치를 잘하여 칭송을 받았던 소공召公이름을 취하여 소공대召公臺라[1] 하였다.

오랜 세월이 지나 소공대가 붕괴되자 1516년 방촌 4대손 맹헌이 관찰사로 와 비석을 세워 소공대비라 했다. 그러나 폭풍우로 붕괴되고 1578년 6대손 정식이 삼척부사로 부임해 와 다시 세운 것이 현재까지 전하고 있다. 영의정 남곤이 지은 소공대비에 새겨진 소공대명召公臺銘 서문序文과 시가 전한다.[2]

----

1) 소공대는 옛날 중국 주周 문왕文王의 서자인서 소공召公이 남국南國의 백伯이 되었을 때 지방을 순시하면서 문왕의 덕정을 펴다가 가끔 아가위나무 감당甘棠 밑에서 쉬곤하였다. 그 후 소공이 중앙으로 돌아간 다음에 그 곳 사람들이 그 덕을 사모하여 아가위나무를 상하지 않게 잘 보존하자는 뜻의 감당시甘棠詩를 부른데서 붙여진 이름이다. 삼척의 소공대는 지금도 '정승고개'로 불리며 방촌의 유덕을 기린다고 한다. (이혜화 『방촌황희선생의 사상과 얼』 파주문화원 1994 26~27쪽)

2) 문집 2001 1368~1371쪽

【 한시 5-1 】

남곤의 소공대비에 쓴 시[3]

명주溟州 강릉의 남쪽은 오래된 고장일세
거기에 대臺 하나 길가에 서 있는데
그 축조된 세월이 막연하네
듣건대 옛날 익성이 소공과 같은 덕으로
백성의 배부르고 굶주리고 잘 먹고 헐벗는 것을 위하여
관동에 와서 덕정을 베풀었다네
대를 와현瓦峴 위에 쌓았으니 전날 공이 휴식하던 곳
바라보고 사모하며 눈물을 흘리네
바로 대 아래서 술한 성상星霜이 바뀌는 사이에
공은 가고 대만 남았어라
누가 와서 이었던가?
공에게 훌륭한 후손이 있었네
백성이 기뻐하며 서로 말하기를 우리 익성의 덕이라 하누나
새롭던 대가 무너져가도 구태여 감독할 나위가 없으니
공의 사람에 끼쳐진 덕이 대와 함께 새로와서일세
이 명銘을 단단한 돌로 새겨 천추에 고하네.

> 명주溟洲 : 큰 바다 가운데 있는 섬 또는 바다를 접하고 있는 고장
> 성상星霜 : 한 해 동안의 세월

• • • •
3) 한시 원문 생략

(이해와 해설)

1) 남곤南袞(1471~1527)은 밀양 사람으로 본관은 의령이며 벼슬은 중종 때 영의정을 지냈다. 선조 원년 기묘사화를 일으켜 신진 사림파인 조광조 등을 제거하였으나 후에 탄핵되어 삭탈관직되고 신원되지 못하였다. 문장이 대단하고 필법이 아름다웠던 것으로 유명했다.

2) 1516년 황맹헌이 소공대비를 수축하면서 방촌의 유덕을 사모하여 남곤에게 소공대명召公臺銘을 쓰도록 의뢰한 것으로 보여진다. 이에 방촌의 그곳에서의 헌신적인 봉사와 백성들의 존경심을 표현하고 그때에 세워졌던 소공대가 흔적도 없이 사라져가고 있음을 안타까워하면서 쓴 매우 구체적이면서 자상하게 지은 시詩이다.

【 한시 5-2 】

이석형의 소공대 시

試出雲端憑遠眸　　시출운단빙원모
召公何去此臺留　　소공하거차대유

上天下水茫無極　　상천하수망무극
始信乾坤日夜浮　　시신건곤일야부

　소공召公 : 여기서 소공은 방촌을 의미

(현대문)

지평선 너머로 멀리 바라보니
소공은 어디가고 대만 남았는가?

위는 하늘 아래는 물로 망연히 끝없으니
비로소 하늘과 땅이 밤낮으로 떠 있음을 알겠네.

(이해와 해설)

1) 이석형李石亨(1415~1477)의 본관은 연안이며 호는 저헌樗軒이다. 세종 24년 문과에 장원 급제하였으며 황해도 관찰사 판한성부사 판중추부사를 역임한 조선 초기의 문신이다.

2) 이공이 소공대에 올라 방촌의 인품과 공적을 그리워하며 주변 경치를 읊은 시로서 방촌 사후에 작성된 것으로 보인다. 문집의 금석문金石文에 있는 것으로 미루어 소공대비에 쓰인 시로 보인다.[4]

• • • •
4) 문집 2001 1371쪽

【 한시 5-3 】

오윤겸의 소공대 시

景物隨時好   경물수시호
民生到處哀   민생도처애

未宣南國化   미선남국화
空上召公臺   공상소공대

남국南國 : 소공召公 통치했던 주남周南을 의미함

(현대문)
경물은 수시로 좋아지는데
민생은 가는 곳마다 애처롭구나

남국의 교화를 아직 펴지 못한 채
나는 쓸쓸히 소공대를 올라보노라.

(이해와 해설)

1) 오윤겸吳允謙(1559~1636)의 본관은 해주, 호는 추탄楸灘이며 조선 중기의 문신으로 성리학의 원리에 따른 대동법 실시, 서얼등용 등의 개혁적인 정책을 폈다. 대사헌 영의정을 역임하였고 성혼 문하의 대표적인 인물로 불린다.

2) 이 글은 그의 추탄집에 전하는 것으로 1610년 강원도 관찰사 때 소공대를 정비하고 기민구제, 단종 묘 수축 등 선정을 베풀면서 쓴 시로 알려져 있다.[5]

. . . .
5) 이동륜 『파주예찬』 한국문인협회파주지부 2013 186~187쪽

【 한시 5-4 】

이이명의 소공대 시

峻嶺橫天半　　준령횡천반
高臺迹已陳　　고대적이진

召棠猶蔽茀　　소당유폐불
羊石更嶙峋　　양석갱린순

簡拔當荒歲　　간발당황세
登臨媿古人　　등림괴고인

憂時雙涕淚　　우시쌍체루
愁絕海山春　　수절해산춘

(현대문)

험준한 재 하늘에 가로놓여 있는데
높은 대에 그 자취 이미 오래 되었네

소공의 감당은 여전히 무성하고
양호의 비석은 더욱 우뚝하여라

흉년이라 그때처럼 선발되어 왔는데
올라와 보노라니 옛사람에 부끄럽구나

시절 근심하며 두 눈에 눈물 흐르니
해산의 봄에 시름이 그지없어라.

(이해와 해설)

1) 이이명李頤命(1658~1722)의 본관은 전주이며 호는 소재疎齋이다. 세종의 아들 필성군의 팔대 손으로 할아버지는 영의정이었던 이경여이다. 그는 병조판서, 우의정, 좌의정을 역임한 노론 4대신의 한사람이다.

2) 강원도 관찰사로 부임해 민정을 살피며 소공대에 올라 쓴 시로 정성을 다해 백성을 구제하려 했던 방촌을 회상하면서 현실적으로도 그들의 생활이 만만치 않음을 은유적으로 표현하고 있으며 그의 소재집疎齋集이 전한다.[6]

• • • •
6) 이동륜 「파주예찬」 한국문인협회파주지부 2013 266~267쪽

3. 반구정과 관련한 시

　반구정伴鷗亭은 방촌이 세종 12년(1430) 사헌부의
탄핵으로 파직되어 교하에 은거할 때 지은 정자로
전해오고 있으나 당시 건립과정을 알려주는 시문이
남아있지 않아 정확하게 알 수는 없는 실정이다.
　단지 앞서의 한시 2-3 방촌이 이우당 이경의
반구대를 차운한 시가 있어 평소부터 이곳에 정자를
건립하고자 했을 방촌의 내면의 뜻이 오랜 세월이 흐른
방촌 67세에 이르러 실행에 옮겨졌다고 본다.
　아울러 반구정과 관련한 시문이 보이지 않는 것은
이미 당대에 폐허로 변해 명소로 잘 알려져 있지
않았거나 방촌의 문집이 2책 있었다고 하나 병화로
유실되어 전해지지 않는 것도 주요한 원인으로 본다.
　미수 허목의 반구정기(1665)가 나오기까지는 거의
잊혀진 공간이었던 반구정이 다행히 1615~1620년 쯤
황간 등 후손들의 노력으로 중건되는 17세기 후반부터
많은 시가 보여진다.[1]

----

1) 심익철 『반구정의 역사와 관련 시문에 대한 고찰』 2015 방촌학술
　대회발표논문

【 한시 6-1 】

조찬한의 반구정 효음曉吟

江樓宿客未回舟	강루숙객미회주
極浦微茫落木秋	극포미망낙목추
無數驚鴻飛不定	무수경홍비불정
曉來風雨滿汀洲	효래풍우만정주

효음曉吟 : 새벽에 시를 읊음

(현대문)

강루에서 잔 객이 돌아갈 배는 오지 않고
외딴 포구에는 가을빛만 짙어가는구나

무수한 갈매기는 정처없이 날아들고
새벽 비바람 강마을에 몰려오는데.

(이해와 해설)

1) 조찬한趙纘韓(1572~1631)의 호는 현주玄州이며 조선 중기 문신으로 광해군 때 영암군수 삼도토포사 예조참의 등의 벼슬을 지냈으며 시문이 뛰어나 현주집玄州集이 전한다.[2]

2) 반구정 아래에 나루터가 있고 송경으로 돌아가기에는 그곳에서 건너야 하는데 동트는 이른 새벽부터 기다려도 배가 오지 않음에 대한 안타까운 심정을 표현하고 있다. 당시 반구정 주변은 무척이나 한적했었음을 알 수 있다. 그는 실제로 파주에 거주했으며 탄현면에 묘소가 있다.

· · · · ·
2) 이동륜 『파주예찬』 한국문인협회파주지부 2013 350~351쪽

【 한시 6-2 】

홍세태의 모과반구정 暮過伴鷗亭

홍세태의 모과반구정 (해질 때 반구정을 지나다)

| 瞑裏遙聞鷺鴈呼 | 명리요문목안호 |
| 疎星出野與人俱 | 소성출야여인구 |

| 伴鷗亭下烟波闊 | 반구정하연파활 |
| 隔岸孤村認却無 | 격안고촌인각무 |

(현대문)

어둠속에 멀리 갈매기 부르는 소리
성근 별빛에 쓸쓸한 마을이 보이는데

반구정 아래는 물안개가 자욱하고
강 건너 외로운 마을 알아볼 수 없구나.

(이해와 해설)

1) 홍세태洪世泰(1653~1725)의 본관은 남양으로 호는 유하柳下이고 조선 후기 승무원, 제술관, 남양감목관을 지냈다. 청나라에서 조선의 시를 보자 할 때에 그의 시를 추천할 정도로 한시에 대한 재능을 널리 인정받았으며 '백두산기'가 유명하고 유하집柳下集이 전한다.[3]

2) 반구정이 소재하는 파주 마을명이 사목리沙鷲里인데 1구에서 '갈매기 부르는 소리'등 일대의 지리와 풍경에 대한 비교적 해박한 지식을 갖고 시를 지은 것으로 보인다.

• • • •
3) 앞의 책 386~387쪽

【 한시 6-3 】

황이명의 제반구정시 題伴鷗亭詩

一區淸絶伴鷗亭　　일구청절반구정
我祖當年此構成　　아조당년차구성

寂寞屭孫無傷繼　　적막잔손무상계
任他黃廢不勝情　　임타황폐불승정

(현대문)

사방이 맑고 깨끗한 반구정은
우리 할아버지가 건립하셨네

미약한 후손이 잘 보존하지 못하여
황폐한 채 버려두어 마음이 서글퍼라.

(이해와 해설)

1) 18세기 전반 후손 황이명黃爾明, 황이장黃爾章과 송사원宋泗源, 한덕관韓德觀 4인이 각각 반구정을 수창한 시가 문집에 전한다. 특히 이 4인의 시는 동일한 '정情'자 운 7언절구이며 '제반구정시'라는 같은 제목에 '서운序韻'이라는 부제를 달고 있다.

2) 문집에서 서운이란 표현이 반구정의 원운이라고 명시하고 있는데 여기서 반구정의 원운에 따라 지은 것이 맞다면 18세기 전반까지만 하여도 방촌의 반구정시가 전해지고 있다고 보아야 한다.[4]

3) 황이명黃爾明은 후손으로 과천현감을 지냈다. 반구정의 오랜 내력에 대한 예찬과 황량하게 방치된 현재의 안타까운 심정을 복합적으로 묘사하였다. 여기서는 황이명의 시만 적고 나머지 3인의 시는 생략한다.

• • • •
4) 심익철 앞서 논문 인용

【 한시 6-4 】

심세준의 제반구정시 題伴鷗亭詩

第一宗臣德業隆   제일종신덕업륭
誦名今古幾兒童   송명금고기아동

山河間氣淸高像   산하간기청고상
宇宙中豪致澤功   우주중호치택공

早贊鴻籌眞碩輔   조찬홍주진석보
晩爲鷗伴卽間翁   만위구반즉간옹

金袍赤舃依俙是   금포적석의희시
廊廟江湖不盡風   랑묘강호부진풍

(현대문)

으뜸가는 종신으로 덕망과 공업이 위대하여
예나 지금이나 그 명성을 아이들도 칭송한다네

산하에 쌓인 정기 맑고 고원한 기상을 내었고
우주에 가득한 호기 치군택민致君澤民의 공을 이루었네

젊어서는 원대한 계책으로 보좌한 참된 재상이요
만년에는 갈매기와 벗하였으니 한가로운 노옹일세

금포와 붉은 신이 여기서도 보이는 듯하니
조정이나 강호에 그 유풍이 그지없어라.

(이해와 해설)

1) 심세준沈世俊은 1725년(영조 원년) 양근군수楊根郡守(양근은 지금의 양평)를 지낸 인물로 보인다. 방촌 상공의 덕업을 기리며 만년에 갈매기와 벗하여 강호에 노닐던 모습을 떠올려 보고 있다.[5]

2) 심공이 이 시를 작성할 당시는 반구정이 복원되어 있음을 나타내며 '기러기를 벗하는' 묘사에서 반구정과 방촌의 자취를 현실감 있게 그리고 있다.

• • • •

5) 심익철 앞서 논문 인용

김익하의 제반구정시 題伴鷗亭詩

三百年間第一公   삼백년간제일공
如鴻有翼遇長風   여홍유익우장풍

功成歸作沙鷗伴   공성귀작사구반
遺躅江流不盡中   유촉강류부진중

(현대문)

3백년 사이에 공公만 있어라
마치 기러기가 장풍을 만난 듯하네

공명을 이룬 뒤 갈매기와 벗하였으니
그 유적이 강물과 함께 그지 없네.

〈이해와 해설〉

1) '3백년간제일공三百年間第一公'이라는 구절에서 방촌이 1452년에 졸한 것을 감안할 때 창작 시기가 18세기 전반으로 추정되며 공명을 이룬 뒤 갈매기와 벗한 방촌 일생에 대한 감회를 노래하고 있다.

2) 김익하金翊夏의 시는 방촌문집(1980, 2001)에서 모두 보이나 지은 이에 대한 언급이 일체 없는 것으로 보아 당시 특별히 높은 관직을 역임하였거나 또는 유명한 문인이 아니라도 방촌을 매우 존경하던 사대부로 추측이 된다.

【 한시 6-6 】

황난선의 등반구정유감 登伴鷗亭有感

西望千磨屹　　서망천마흘
東瞻三角崇　　동첨삼각숭

當年遊息意　　당년유식의
推解炳丹哀　　추해병단애

(현대문)

서쪽을 바라보니 천마산이 우뚝하고
동쪽을 보니 삼각산이 높이 솟았구나

그 당시 노닐며 휴식하던 뜻
뉘라서 뜨거운 충심을 환히 알 수 있으랴.

(이해와 해설)

1) 황난선黃蘭善(1825~1908)은 본관은 장수이며 호는 시려是廬이다. 상주에서 태어났으며 여러 번 초시에는 합격하였으나 회시에서 불리함으로 과거를 단념하고 옥동서원에서 후학 양성에 전념한 조선 말기의 학자이다.

2) '구정사백추鷗亭四百秋로 시작하는 3수가 시려집에 전하는데 그 중 한 시이다. 반구정에 올라 주변의 풍경을 조명하면서 방촌을 그리워하고 짝을 잃은 갈매기의 심정을 노래하고 있다.[6]

3) 특히 그의 '반구정중건기'가 문집에 전한다. 이는 1905년 사목리 후손들이 계획하여 방촌영당과 반구정을 중건함을 경축한 글인데 이때 시도 같이 지은 것으로 추측된다.

• • • •

6) 심익철 앞서 논문 인용

【 한시 6-7 】

황헌의 제 반구정 시 題伴鷗亭詩

平沙孤鶩伴鷗眠　　평사고목반구면
江漢滔滔五百年　　강한도도오백년

一笠小亭蒼壁上　　일립소정창벽상
至今樵牧姓名傳　　지금추목성명전

(현대문)

편편한 모래펄에 따오기가 갈매기와 벗하여 조는데
강물은 유유히 5백년이나 흘렀어라

초라한 한 정자가 석벽 위에 세워졌는데
지금도 나무하고 소먹이는 아이들이 그 성명을 전하네.

(이해와 해설)

1) 작성 시기가 20세기 전반으로 추정되는 유진구 박규서와 후손 황헌 황갑선 황의각의 5수의 시가 문집에 전한다. 이곳에서는 황헌의 시를 싣는다.

2) 반구정의 역사가 500년에 달하며 방촌의 이름이 여전히 어린이들에게 전해짐을 칭송하고 있다. 특히 1구에서 사목리와 반구정을 같이 표현하여 반구정의 역사와 지형을 사실대로 표현하도록 노력하고 있다.

3) 유진구와 박규서의 두 시는 특히 방촌 영당에서 영정을 참배하며 그 감회를 언급하고 있다. 후손인 황갑선과 황의각의 두 시는 장편의 반구정 중건에 대한 축시로 파주 종인들이 재력을 규합하여 비로소 중건을 이루게 되었음을 경축하고 그 정성에 감격하는 내용이다.

4) 아울러 사목리 황씨 문중에서 소장하고 있는 윤명학외 32인의 '반구정중건축시집'은 파주지역 유림과 인사들이 반구정에 올라 주변을 굽어보며 그 감회를 읊은 시첩인데 저자들 가운데 상당수가 일제 강점기 파주지역의 독립운동가로 전해지고 있다.[7]

----

7) 심익철 앞서 논문 인용

【 한시 6-8 】

김순동의 반구정시

名亭一笠管名區	명정일립관명구
丞相當年揭伴鷗	승상당년게반구

彊場中分空遺恨	강장중분공유한
江山不變更添愁	강산불변갱첨수

朋交月滿同靑眼	붕교월만동청안
世事雲輕巳白頭	세사운경사백두

肯搆肖孫能醉客	긍구초손능취객
深樽終日使人留	심준종일사인유

(현대문)

삿갓 모양의 이름난 정자 명승지에 으뜸인데
그해 재상은 반구라 현판을 내걸었지

강역을 가운데로 갈라놓아 부질없이 한을 남기고
강산은 변하지 않아 다시 수심만 더 하네

벗 사귐은 둥근 달 대하듯 청안으로 함께하고
세상사 구름처럼 가벼워 머리는 이미 희어 졌네

선대의 유업 잘 계승한 후손이 길손 취하게 하여
큰 술단지로 종일토록 권하여 사람 떠나지 못하게 하네.

(이해와 해설)

1) 이 시는 1957년 반구정 중수시 김순동金舜東외 15인의 참여로 지은 '반구정 시첩'중 첫머리 시이다.(장수황씨 묘하종중 소장) 이들은 당대의 저명한 한학자, 역사학자, 국문학자로 알려져 있다.

2) 방촌과 반구정의 유구한 전통을 노래하며 옛날을 회상하는 내용이 주를 이루고 있다.[8]

• • • •
8) 심익철 앞서 논문 인용

제5장
방촌 시가 갖는
문화적 가치

반구정 (경기도 문화재 자료 제12호)

1. 한글 시조가 갖는 문학적 가치

    앞서 장에서 방촌이 남긴 한글 시조 6수와 한시 17수를 개별적으로 작성 시기와 함께 시대상을 살펴보았으나 이곳에서는 이 시들이 문화적으로 어떠한 가치를 지니며 어떠한 점을 시사하고 있는가와 앞으로 문화적 자산으로 어떻게 보존하고 키워가야 할 것인가에 대하여 종합적으로 살펴본다.

조선 초기 관료 문인의 시조로서 특성

고려시대를 지나 조선 초기에 작성된 것으로 파악되고 있는 황희의 사시가는 맹사성의 강호사시가와 같이 조선 전기를 시작하는 관료 문인의 시로 한글시조 생성기적 특성을 대표한다. 자연을 실체화하면서 그 자연 속에서의 질서를 극대화하고 있다. 그러나 인간의 질서를 강하게 구속하지는 않고 있다.

조선 초기 정국 안정과 깊은 관계

농촌의 풍요로움을 추구하는 배경에는 고위직 관료로서 궁극적으로 안정된 사회를 강력히 희구하는 것으로 보여진다. 특히 맹사성의 강호사시가에서는 봄, 여름, 가을, 겨울 모두를 고정된 틀 속에서 군은君恩과 연결시키고 있는데 그러한 사상 배경에는 정국의 안정을 바라는 면이 깊이 내재하고 있기 때문이다.

방촌이 유배 중 지은 것으로 보여지는 한글시조 5번(늦은 봄), 6번(님의 소식)에서도 그와 같은 점이 나타난다. 방촌의 생질 오치선이 방문했을 때 '나의 살과 뼈는 부모로부터 받은 것이나 먹는 것과 입는 것 모두는 임금의 은혜로 받은 것'임을 표현하여 내면의 생각을 태종에게 전하는 곳에서 충분히 느껴진다.

당대로는 독보적 개성을 지닌 문학가 면모 보여줌

한자를 거의 사용하지 않으면서도 당시 시대상과 생활상을 매우 사실적으로 그리고 있어 그 서정성이 매우 뛰어나며 마치 산수화를 보는 듯한 착각을 느끼게 한다.

(한글 시조 3 태평가)

대추볼 붉은 골에 밤은 어이 떨어지며

벼 벤 그루터기에 게는 어이 내리는고

술 익자 체장사 돌아가니 아니 먹고 어이리.

이러한 점은 앞으로 조선 초기의 시대상을 그리는 방송 미디어 부문에서 유용하게 활용될 귀중한 자산적 가치를 지닌 작품으로 보여진다. 대추, 밤, 게 등의 웰빙 안주에 가양주까지 가을 추수 후의 풍요로움을 넘어서는 농촌 전원생활의 목표를 제시한다.[1]

방촌의 인간미를 잘 나타냄

유배 시절은 방촌 일생 중 매우 어려웠던 고난의 시기였으나 결코 그러한 울분이나 애석함을 보여 주는 시가 아닐뿐더러 권위적인 면도 보이질 않는다. 열렬한 연군戀君의 시를 작성한 것은 더욱 아니다. 담담하게 계절의 변화에 따른 자연 질서를 표현한 면에서 방촌의 관후한 인간미가 잘 나타나고 있다고 평가된다.

황희의 사시가를 우리나라 최초 연시조로 평가 여부

황희의 사시가의 작성 시기는 유배 시절이거나 또는 잠시 관직에서 물러나 교하에서 체류했던 시기로 예상된다. 치사 후로 고려하는 것은 방촌의 나이와 농촌생활 노동의 강도로 보아 단정짓기는 어려울 것 같다.

따라서 작성시기로 힘을 얻고 있는 유배 시기는 1418년(태종 18년) 56

----

1) 이혜화 『방촌황희선생의 사상과 얼』 파주문화원 1994 49~50쪽

세로부터 1422년(세종 4년) 60세 사이이다. 우리나라 최초 연시조로 평가되는 강호사시가는 맹사성이 은퇴 후에 작성된 것이 분명하고 그가 좌의정에서 물러난 것은 세종 17년(1435)임으로 그의 나이 76세 때이다.

따라서 방촌의 유배시기를 감안하면 방촌의 시가 17년 정도 앞서 지어진 것으로 보인다. 이러한 면은 추후 보다 더 자세한 연구로 결론을 내어야 될 것이다.

2. 한시가 갖는 문화적 가치

한시 시형詩型을 고르게 활용

방촌이 남긴 17수의 시형은 5언절구 3수, 5언율시 1수, 7언절구 6수, 7언율시 1수, 고시古詩 1수, 결구缺句 5수로 고르게 분류된다. 근체시는 엄격한 작법 하에서 지어지는데 5언절구 김자수에 대한 만사 (한시10)에서는 3구가 난難로 끝나는 운이며 7언절구 김익생에게 써준 삼전운시(한시13)는 삼구가 전傳자운으로 끝나는 특별한 수사법을 보여주고 있다.[2]

방문지에서 쓴 경포대는 최고 수준 작품성으로 평가

정민 교수는 우리 한시 삼백수(7언절구)에서 시는 절제의 언어로서 할 말을 감출수록 더욱 빛난다면서 경포대(한시 1)를 소풍날의 보물찾기라는 표현으로 최고 걸작의 하나로 작품성을 인정하고 있다.[3]

----

2) 한시에 있어서 시체詩體는 고체시와 근체시로 분류된다. 고체시는 당나라 이전에 성행한 시형으로 비교적 작법의 제약이 없으나 근체시는 엄격한 작법 하에서 지어져야 한다. 고체시의 시행은 1구가 4자나 5자, 또는 7자 등으로 지었고 시행에 있어서도 4행부터 그 이상으로 별 제한을 받지 않고 길게 쓰고 있다. 5언절구는 1구가 5자로 되어 4행으로 된 시이며, 5언율시는 1구가 5자로 되어 8행으로 된 시, 7언절구는 1구가 7자로 되어 4행으로 된 시, 7언율시는 1구가 7자로 되어 8행으로 된 시를 말한다. (조두현 『한시의 이해』 일지사 1976 17~20쪽)
3) 정민 『우리 한시 삼백수』 김영사 2014 136~137쪽

해맑은 경포호 초승달을 머금고
낙락한 찬 솔은 푸른 안개 잠겼네

땅엔 가득 구름비단, 누대엔 대가 가득
티끌세상 중에도 바다 신선 있다네.

방문지에서 관료로서 느끼는 정서를 객관적으로 표현

경포대(한시 1), 영월금강정(한시 2), 반구대를 차운한 시(한시 3)와 길성현 객사(한시 4), 강서현 객사(한시 5), 강계부 객사(한시 6), 강릉부 객사(한시 7) 등 방문지에서 느끼는 정서를 빠짐없이 사실적으로 담고 있는 현직 관료의 시로 매우 귀중한 사료적 특성을 지닌다고 느껴진다.

특히 방문 범위가 매우 넓으며 방문지의 경물景物을 표현하려는 서정보다는 방문 목적과 사명에 대한 생각이 깊었음을 여러 곳에서 나타낸다.

반구대를 차운한 시에서 역사적 사실을 증거

이우당 이경의 반구대를 차운한 시(한시 3)가 방촌이 두문동에 들어갔다가 나오게 된 연유를 간접적으로 증명한다고 보이며 4구의 표현에서 방촌이 얼마나 자연환경을 표현함에 대단한 문학적 경지에 있었는지를 함께 보여주고 있다.

도선적道仙的 문학 사상 곳곳에서 보임

퇴계 선생이 조선 유학의 대표적인 인물이면서 시문학적 시상은 다분히 도선적인 풍류에 있듯이 방촌도 화려한 관직 생활에 몸담기 수십 년

이지만 마음은 속세를 벗어나 신선세계를 갈망하고 있음을 곳곳에서 보여준다. 고기 낚는 늙은이(한글 시조 4)와 경포대(한시 1)의 해중선 등 여러 곳에서 감지되고 있다.[4]

청렴성과 충효사상 등 방촌 사상적 배경

만남이 주제가 된 여러 시에서는 방촌 사상의 배경을 이루는 청렴하면서도 검소한 생활과 충효사상을 추구하는 주제가 많이 보인다. 탁광무의 원운에 차운한 시(한시15)에서는 검소한 생활을 안성에 대한 영결시(한시 9)에서는 청렴성을 얼마나 중시하는 지를 잘 보여 주고 있다.

김자수에 대한 만사(한시 10), 김익생에게 써준 시(한시 13), 김순의 여묘석에서 써준 시(한시 14), 이정간의 경수연을 축하한 시(한시 16,17)에서는 충효사상 등이 주제로 강조되고 있음을 본다.

• • • •
4) 이혜화 앞의 책 52~53쪽

3. 반구정이 갖는 문화사적 의의

신익철 교수가 '반구정의 역사와 관련 시문에 대한 고찰'[5] 에서 반구정 유래, 변천과정, 각종기록, 관련 시문 등을 검토한 후 반구정에 대한 문화 사적 의의를 발표하였기에 이를 간추려 이곳에 싣는다.

방촌과 반구정 건립 의도에 대한 새로운 조명 필요
반구정은 고려 말 조선 초 역사적 전환기에 처한 지식인의 삶과 관련 새롭게 주목할 필요가 있다. 역사적 소명을 다한 명재상이 은퇴 후 세속 의 영화를 물리치고 한적한 삶을 누린 공간으로 인식되어 왔고 그것이 반구정의 가장 큰 의미임은 확실하다.

그러나 단순히 한적한 삶을 누리고자한 요구뿐만 아니라 고려 말의 충 신열사의 지조를 되새기며 자신의 삶을 반추하는 공간으로 건립된 것으 로 그 건립 의도를 구체적으로 파악할 필요가 있다.

반구정은 정자와 영당이 함께하는 추모공간이란 성격 파악
반구정은 방촌 사후 폐허로 방치되었고 오랜 세월 중건지지 못했기에 조 선 전기의 기록이 뜻밖에 별로 남아 있지 않다. 그러나 17세기 중반 7대손 황수가 이곳에 거주하며 반구정이란 당호를 사용하며 옥동서원에 있는 영

5) 심익철 앞의 논문

정을 모사해 모심으로써 방촌을 대표하는 공간으로 거듭 나게 된다.

이후 반구정의 중건 보다 영당의 창건과 중건이 먼저 이어짐으로써 반구정은 더욱 중시되는 바, 반구정은 정자뿐만 아니라 정자와 영당이 함께하는 추모공간으로 그 독특한 성격을 파악할 필요가 있다.

반구정이 지닌 독특한 공간적 의미 이해

1905년 반구정 중건 이후 반구정은 파주지역을 대표하는 공간으로 인식되어져 왔으며 지역의 유림과 국내 저명인사들이 이를 기념하는 여러 시첩詩帖을 남기었다. 반구정 건립에는 구한말 어지러운 현실 속에 국권 회복의 염원이 깔려 있어 보인다.

그리고 이는 명재상 황희 같은 인물을 희구하는 의식의 소산이 아닌가 하는 생각을 갖게 된다. 구한말 망국의 역사와 현대 분단의 역사 그리고 파주라는 지역적 특성과 결부하여 반구정이 지닌 독특한 공간적 의미를 이해할 필요가 있다.

맺는말

　방촌의 삶과 시에 대한 검토는 문집에 기술된 내용을 기본적 자료로 참고하였다. 그러나 동 문집은 1980년도와 2001년도 발간되어 상당한 시간이 흘렀으며 그 후에 크고 작은 연구가 이어져 왔기에 방촌 황희를 주제로 하거나 방촌이 언급된 부수적인 내용이라 하더라도 최대한 참조하려고 노력하였다.

　방촌의 시를 종합적으로 살펴보고자 한 것은 조선 초기 매우 어려웠던 시대상황 속에서 방촌이 기본적으로 지니고 있었던 사상의 기반은 무엇이며 어떠한 실천적 의지를 지녔기에 태종대와 세종대에 걸쳐 그토록 놀라운 업적을 이루어 낼 수 있었는지가 그들 시 속에 녹아져 있으리라고 보았기 때문이다.

　방촌이 남긴 시가 현재 파악된 바 23수에 불과하지만 그의 작품은 우리나라 거의 전 지역을 망라할뿐더러 만나게 되는 인물도 매우 다양하며 단순히 경물의 서정성만을 표현한 것이 아니다. 시를 쓴다고 함은 기본적으로 매우 순수한 마음의 자세를 지니고 시작하는 것이라고 필자는 믿고 있다.

　나아가서 사태파악에 대한 방촌 능력의 음미를 통해 그의 뛰어난 성과 속에서 국정운영을 위한 해법이며 오늘날의 이토록 어지러운 현실 사회를 순화해 나갈 열쇠가 여기에 묻혀 있지 않을 까 생각해 본다.

　그러나 시에 대한 분석에는 필수적으로 방촌의 생애에 대한 진지한 검토가 전제되기에 기본적으로 연보를 통해 그의 일생을 조명하도록 추진하였으나 시와의 연결성에는 충분한 분석이 부족했음을 느끼고 있다.

아울러 방촌 생애 중 70여년에 걸친 관력을 새롭게 시대 구분하면서 특히 태종대의 정치적 역할의 중요성과 끝까지 이어진 세종의 신임 배경을 기술한 것은 젊은 세대들을 포함한 독자 모두가 방촌의 삶을 좀 더 깊이 있게 이해할 수 있도록 하고자하는 의도를 포함하고 있었다.

이 작은 책을 통해 방촌이 현대 사회에 주는 다음과 같은 교훈으로 끝맺음에 대신하고자 한다.

첫째는 방촌이 지닌 너그러운 도량과 포용심을 배워야 한다.
조선 초기의 어려운 난국 속에서도 성공적인 기틀을 쌓았던 것은 무엇보다도 너그러운 도량과 포용심이 기저에 있었기에 가능하였다고 느껴지기 때문이다.

둘째는 검소하고 청렴한 생활 태도를 본받아야 한다.
안성의 영결시에서 보여 주듯이 방촌이 얼마나 청렴함을 주요한 덕목으로 생각하는 가를 우리 모두는 깊이 마음속에 새기고 실천해야 한다고 본다.

셋째는 그의 공직자 정신을 본받아야 한다는 것이다.
벼슬자리에 연연해하지 않으면서 국가가 필요로 할 때에는 어떤 자리도 마다하지 않는 열려 있는 자세를 지녀야 한다. 그의 공직자 정신을 재조명하여 실천하는 작은 움직임이 곳곳에서 새롭게 시작되길 기대해본다.

넷째는 방촌과 관련된 문화 유적이 새롭게 조명되고 그를 통해 그의 실천적 사상을 배우고 터득할 수 있도록 사회 각 부문에서의 노력이 한층 강화되어야 한다고 본다.

이상의 글들은 소박한 내용이지만 무엇보다도 소리 없이 실천해 가는 것이 극도로 어지럽다고 평가되는 현대사회에 방촌 황희 선생이 젊은 세대를 포함하여 우리 모두에게 제시하는 교훈의 하나라고 믿는다.

여러모로 부족한 제가 거대한 산과 같은 방촌 황희 선생의 삶과 시에 대한 저술을 내놓기가 송구하나 많은 분들의 지적과 조언을 통해 후일 한 단계 더욱 발전된 내용으로 보완해 가고자함을 약속드리며 또한 본서와 더불어 수준 높은 연구 서적이 계속하여 출간되어지길 진심으로 기대하며 졸저를 마감한다.

부 록

1. 방촌 시조와 한시 총 23수와 관련 시 26수 목록

2. 조선왕조실록의 방촌 졸기

3. 방촌 황희 신도비

4. 주요 참고문헌 목록

5. 방촌 황희 관련 사료 및 도서목록(2020)

방촌 황희 신도비(경기도 기념물 34호)

1. 방촌 시조와 한시 총 23수와 관련 시 26수 목록

가. 한글 시조 6수

나. 방문지에서 쓴 한시 7수

2. 조선왕조실록의 방촌 졸기

가. 방촌 황희 졸기에 대한 이해와 해설

(1) 방촌은 세종 8년 (1426)에 우의정으로 제수된 이래 세종 31년 (1449) 영의정부사로 치사할 때까지 재상 직책만으로도 세종을 24년간 보좌하였다. 우리 모두가 세종을 조선조 최대 명군으로 평가한다면 세종에 끝까지 헌신적으로 협력한 방촌의 노력을 논외로 할 수 없음은 너무도 당연한 일일 것이다.

(2) 앞서 본문의 방촌 삶을 언급하면서 여러 차례에 걸쳐 문종실록, 문종 2년 2월 8일의 첫 번째로 올라 있는 황희 졸기 기사를 부분적으로 인용 바 있다. 특히 황희의 졸기는 역대의 어떤 신하보다도 장문이다.

졸기에 의하면 "세종 묘정에 배향시키게 하고 익성翼成이란 시호諡號를 내렸으니 사려가 심원한 것이 익翼이고 재상이 되어 종말까지 잘 마친 것이 성成이다"라고 하여 방촌의 일생을 시호로 요약하여 평가하고 있다.

(3) 방촌의 관료로서의 행적과 업적을 통해 당대 정치의 훌륭한 모범사례로 칭송하기 위한 의도가 있었던 것은 분명할 것이다. 이곳에서는 실록의 한자 원문은 생략하고 번역문만 실어 방촌 삶과 평가에 대한 중요하면서도 전체적 조망을 위한 필수자료로서의 의의를 인식하게 하고자 한다.

(4) 또한 이곳에서 우리가 주목해야할 한 가지는 방촌에 대한 역사적 평가와 연구가 아직도 현재 진행형이라는 점이다. 태종대의 역할을 포함하여 세

종대의 방촌에 대한 연구가 너무도 미흡한 것이 사실이다. 다행히 방촌황희
연구원도 발족하고 방촌황희문화제도 개최되어 여간 다행한 일이 아닐 수
없으나 질적으로 훌륭한 연구가 계속 이어지기를 진심으로 기대한다.

나. 문종실록 12권 문종 2년(1452) 2월 8일(임신)

영의정부사領議政府事로서 그대로 치사致仕한 황희黃喜가 졸卒하였다. 황
희는 장수현長水縣 사람인데 자字는 구부懼夫이며 판강릉부사判江陵府事
황군서黃君瑞의 아들이다. 출생해서 신기神氣가 보통 아이와 달랐는데 고
려 말기에 과거에 올라서 성균관 학관成均館學官에 보직되었다. 우리 태조
께서 개국하시매 선발되어 세자 우정자世子右正字를 겸무하고 조금 후에
예문 춘추관藝文春秋館을 맡았다가 사헌 감찰司憲監察과 우습유右拾遺에
전직轉職되었는데 어떤 일로써 경원 교수관慶源敎授官으로 폄직貶職되었
다. 태종이 사직을 안정시키니 다시 습유拾遺의 벼슬로써 불러 돌아왔는
데 어떤 일을 말하였다가 파면되었고 조금 후에 우보궐右補闕에 임명되었
으나 또 말로써 임금의 뜻에 거슬려서 파면되었다. 형조·예조·병조·이조
등 여러 조의 정랑을 역임하였다. 이때 박석명朴錫命이 지신사知申事로서
오랫동안 기밀機密을 관장하고 있었는데 여러 번 사면하기를 청하니 태종
이 말하기를, "경卿이 경과 같은 사람을 천거해야만 그제야 대체代遞할 수
있을 것이다."하니 박석명이 황희를 천거하여서 갑자기 도평의사 경력都
評議司 經歷과 병조 의랑兵曹議郎으로 천직遷職되었다. 그가 아버지 상사喪事
를 만나니 태종은 승추부承樞府가 군무軍務를 관장하고 또 국가에 사고가
많은 이유로써 무관武官의 백일百日에 기복 출사起復出仕시키는 제도를 권
도權道로 따르게 하여 대호군大護軍에 임명하고 승추부 경력承樞府經歷을

겸무하게 하였다. 우사간 대부右司諫大夫로 승진되었다가 얼마 안 있어 좌부대언左副代言에 발탁되고 마침내 박석명朴錫命을 대신하여 지신사知申事에 임명되었다.

후하게 대우함이 비할 데가 없어서 기밀 사무機密事務를 오로지 다하고 있으니 비록 하루 이틀 동안이라도 임금을 뵙지 않는다면 반드시 불러서 뵙도록 하였다. 태종이 일찍이 말하기를, "이 일은 나와 경卿만이 홀로 알고 있으니 만약 누설된다면 경卿이 아니면 곧 내가 한 짓이다."라고 하였다. 훈구 대신勳舊大臣들이 좋아하지 아니하여 혹은 그 간사함을 말하는 사람이 있기도 하였다. 이때 민무구閔無咎·민무질閔無疾 등이 권세가 크게 성하여 종지宗支를 모해謀害하니 황희는 이숙번李叔蕃·이응李膺·조영무趙英茂·유양柳亮 등과 더불어 밀지密旨를 받아 이들을 도모하였는데 태종이 일찍이 이르기를, "만약 신중히 하여 빈틈이 없지 않으면 후회하여도 미칠 수 없을 것이다."하였더니 여러 민씨閔氏들이 마침내 실패하였다. 무자년에 목인해睦仁海의 변고가 일어나니 황희가 마침 집에 있었으므로 태종이 급히 황희를 불러 말하기를, "평양군平壤君이 모반謀反하니 계엄戒嚴하여 변고에 대비待備하라."하였다.

황희가 아뢰기를, "누가 모주謀主입니까?"하니 태종이 말하기를, "조용趙庸이다." 하였다. 황희가 대답하기를 "조용의 사람된 품이 아버지와 군주를 시해弑害하는 일은 반드시 하지 않을 것입니다." 하였다. 후에 평양군平壤君이 옥獄에 나아가므로 황희가 목인해睦仁海를 아울러 옥에 내려 대질對質하도록 청하니 태종이 그대로 따랐는데 과연 목인해의 계획이었다. 그 후에 김과金科가 죄를 얻으니 조용趙庸도 또한 공사供辭에 관련되었다. 태종이 대신大臣들을 모아 놓고 친히 분변하니 정직한 것이 조용에게 있었다.

태종이 황희에게 이르기를, "예전에 목인해의 변고에 경卿이 말하기를, '조용은 아버지와 군주를 시해弑害하는 짓은 반드시 하지 않을 것입니다.' 하더니 과연 그렇다."하니 조용이 비로소 그 말뜻을 알고 물러가서는 감격하여 능히 말을 하지 못하였다. 기축년 가을에 가정 대부嘉靖大夫 참지의정부사參知議政府事에 발탁되고 겨울에는 또 형조 판서刑曹判書에 발탁되었다. 다음해 3월에 지의정부사知議政府事가 되고 대사헌大司憲에 천직遷職되었다. 그 다음해에는 병조 판서兵曹判書에 천직遷職되었다가 예조 판서禮曹判書에 옮겨졌으나 병을 얻어 매우 위급하니, 태종이 내의內醫 김조金慥·조청曹聽 등에게 명하여 병을 치료하게 하고 안부安否를 물은 것이 하루에 3, 4번이나 이르게 되어 병이 나았었다. 태종이 김조金慥 등에게 이르기를, "이 사람이 성실하고 정직하니 참으로 재상宰相이다. 그대들이 능히 병을 치료했으니 내가 매우 기쁘게 여긴다."하고는, 마침내 후하게 상을 주었다.

얼마 후에 어떤 일로써 파면되었다가 을미년에 이조 판서吏曹判書에 임명되었으며 의정부 참찬議政府參贊과 호조 판서戶曹判書를 역임歷任하고 다시 이조 판서에 임명되었다. 병신년에 세자世子 이제李褆가 덕망을 잃어서 태종이 황희와 이원李原을 불러서 세자世子의 무례無禮한 실상을 말하니, 황희는 생각하기를 세자世子는 경솔히 변동시킬 수 없다고 여겨 이에 아뢰기를, "세자가 나이가 어려서 그렇게 된 것이니 큰 과실은 아닙니다."하였다.

　태종은 황희가 일찍이 여러 민씨閔氏들을 제거할 의논을 주장하였으므로 세자에게 붙어서 민씨의 원한을 풀어주고 후일의 터전을 삼으려 한다는 이유로써 크게 성내어 점점 멀리 하여서 공조 판서工曹判書에 임명하였다가 다음해에는 평안도 도순문사平安道都巡問使로 내보내었다. 무술년에 판한성부사判漢城府事로 불러서 돌아왔으나 세자가 폐위廢位되니 황희도 폐하여 서인庶人으로 삼고 교하交河에 폄출貶黜시키고는 모자母子를 함께 거처하도록 허가하였다. 대신大臣과 대간臺諫들이 죄 주기를 청하여 그치지 않으니 태종이 황희의 생질甥姪 오치선吳致善을 폄소貶所에 보내어 말하기를, "경은 비록 공신이 아니지마는 나는 공신으로 대우하므로 하루이틀 동안이라도 보이지 않으면 반드시 불러 보아서 하루라도 나의 좌우에서 떠나 있지 못하게 하려고 하는데 지금 대신과 대간들이 경에게 죄 주기를 청하여 양경兩京 사이에는 거처시킬 수 없다고 한다. 그런 까닭으로 경卿을 경의 향관鄕貫인 남원南原에 옮겨 두니 경卿은 어미와 더불어 편리할대로 함께 가라."하고는, 또 사헌부에 명하여 압송하지 말도록 하였다. 오치선吳致善이 복명復命하므로 태종이 묻기를, "황희가 무슨 말을 하더냐?"하니 오치선이 아뢰기를, "황희의 말이, '살가죽과 뼈는 부모父母가 이를 낳으셨지마는 의식衣食과 복종僕從은 모두 성상의 은덕이니 신臣이 어찌 감히 은덕을 배반하겠는가? 실상 다른 마음은 없었다.'고 하면서 마침내 울면서 어찌할 바를 모르고 있었습니다."하니, 태종이 "이미 시행하였으니 어떻게 할 수 없다." 하였다.

황희가 남원南原에 이르러서는 문을 닫고 빈객賓客을 사절하니 비록 동년同年 친구일지라도 그 얼굴을 보기가 드물었다. 태종이 그 사실이 아닌 것을 알고서 임인년 2월에 불러서 서울에 돌아오게 하였다. 황희가 태종을 알현하고 사은謝恩하니, 세종이 곁에 뫼시고 있었다. 태종이 말하기를, "내가 풍양豊壤에 있을 적에 매양 경卿의 일을 주상에게 말하였는데 오늘이 바로 경이 서울에 오는 날이로다."하고는, 명하여 후하게 대접하도록 하고 과전科田과 고신告身을 돌려주게 하고 세종世宗에게 부탁하여 임용하도록 하였다.

10월에 의정부 참찬에 임명되고 예조 판서에 전직되었다. 강원도에서 기근이 있었는데 관찰사觀察使 이명덕李明德이 구황救荒의 계책을 잘못 썼으므로 황희로써 이를 대체代遞시켰더니, 황희가 마음을 다하여 진휼하였다. 세종이 이를 가상嘉尙히 여겨 숭정 대부崇政大夫 판우군 도총제부사判右軍都摠制府事에 승진 임명하고 그대로 관찰사觀察使로 삼았다. 다음해 6월에 불러 와서 의정부 찬성議政府贊成에 임명하고 대사헌大司憲을 겸무하게 하였으며 이조 판서로 천직遷職 하였다가 마침내 의정부 우의정議政府右議政에 임명되고 판병조사判兵曹事를 겸무하게 하였다. 세종이 어느 날 황희를 불러 일을 의논하다가 황희에게 이르기를, "경卿이 폄소貶所에 있을 적에 태종太宗께서 일찍이 나에게 이르시기를, '황희는 곧 한漢나라의 사단史丹과 같은 사람이니 무슨 죄가 있겠는가?' 하셨다."하고는, 좌의정左議政과 세자사世子師에 승진시켰다. 황희가 평안도平安道의 순문사巡問使가 되었을 적에 행대行臺 이장손李長孫이 대등對等한 예禮로써 황희를 모욕하고 황희와 더불어 서로 글장을 올려 논핵論覈하므로 태종太宗이 양편을 화해和解시켰었는데 후에 황희가 정권을 잡으니 이장손李長孫은 통진 수령通津守令으로서 교대交代를 당하게 되었다. 황희가 말하기를, "이 사람이 관직에 있으면서 명성名聲이 있었다."하고는, 천거하여 헌납獻納으로 삼았고 또 천거하여 사인舍人으로 삼았었다. 황희는 어머니 상사喪事를 당하여 불사佛事를 행하지 않고 한결같이 가례家禮에 따랐다. 때마침 임금이, 세자世子를 장차 북경北京에 입조入朝시키려 하였기 때문에 황희를 기복起復시켜 보행輔行을 삼으려고 하므로 두세 번 사양하였으나 윤허하지 아니하였다. 사헌부司憲府에서 황희가 동산 역리東山驛吏의 뇌물 주는 것을 받았다고 탄핵하므로 황희가 또 사양했으나 윤허하지 아니하였다. 겨울에 평안도 도체찰사平安道都體察使가 되어 약산藥山의 성터城基를 정했는데 황희는 약산藥山이 요충要衝에 있으므로 영변 대도호부寧邊大都護府를 설치하여 도절제사都節制使의 본영本營으로 삼았다. 황희가 하혈下血하는 병을 앓아 치료하기가 어렵게 되자 세종은 내의內醫 노중례盧重禮를 보내어 포백布帛을 가지고 요동遼東으로 가서 명의名醫에게 묻도록 하였다.

경술년 12월에 태석균太石鈞의 일로써 파면되었으나 신해년 9월에 이르러 영의정부사領議政府事에 임명되었다. 임자년에는 나이 70세가 되자 전문箋文을 올려 벼슬을 그만두고 물러가 있기를 청하였으나 윤허하지 아니하고 궤장几杖을 하사하였다. 또 겨울 날씨가 따뜻하고 얼음이 얼지 않아 음양陰陽을 조화시키는 직책에 면목面目이 없다는 이유로써 사직辭職하였으니 윤허하지 아니하였다. 무오년 겨울에는 또 천둥이 일어난 변고로써 사직하였으나 윤허하지 아니하였다. 신유년에는 세종께서 황희가 연로하니 다만 초하루와 보름에만 조회朝會하도록 명하였는데 황희가 파직하기를 청했으나 윤허하지 아니하였고 계해년 겨울에 또 사직하기를 청했으나 윤허하지 아니하였다. 을축년에는 또 큰 일 외에 보통 행하는 서무庶務는 번거롭게 하지 말도록 명하였다. 기사년에 본직本職으로써 치사致仕하니 명하여 2품의 봉록俸祿을 주어 그 평생을 마치도록 하고 나라에 큰일이 있으면 가서 묻도록 하였다. 이때에 와서 대단치 않은 병으로 졸卒하니 조회를 3일 동안 폐지하고 관청에서 장사葬事를 다스렸다.

조정과 민간에서 놀라 탄식하여 서로 조문弔問하지 않는 이가 없었으며 이서吏胥와 여러 관사官司의 복례僕隷들도 모두 전奠을 베풀어 제사를 지냈으니 전고前古에 없었던 일이었다. 일찍이 유서遺書를 지어 자손子孫들에게 보이기를, "내가 죽은 후에는 상장喪葬의 예절은 한결같이 《가례家禮》에 의거하되 본토本土에서 시행하기 어려운 일을 억지로 따라 할 필요는 없다. 능력과 분수의 미치는 대로 집의 형세形勢에 따라 알맞게 할 뿐이며 허식虛飾의 일은 일체 행하지 말라. 가례家禮의 음식飮食에 관한 절차는 질병疾病을 초래할까 염려되니 존장尊長의 명령을 기다리지 않고 억지로 죽을 먹도록 하라. 이미 시행한 가법家法에 따라 불사佛事는 행하지 말고 빈소殯所에 있은 지 7일 동안은 요전澆奠하는 것은 《가례家禮》에 없는 바인데 부처에게 아첨하는 사람이 꾀를 내어 사사로이 하는 것이니 행할 수 없다." 하였다.

황희는 관후寬厚하고 침중沈重하여 재상宰相의 식견과 도량이 있었으며 풍후豊厚한 자질이 크고 훌륭하며 총명이 남보다 뛰어났다. 집을 다스림에는 검소하고 기쁨과 노여움을 안색에 나타내지 않으며 일을 의논할 적엔 정대正大하여 대체大體를 보존하기에 힘쓰고 번거롭게 변경하는 것을 좋아하지 아니하였다. 세종世宗이 중년中年 이후에는 새로운 제도를 많이 제정하니 황희는 생각하기를, "조종祖宗의 예전 제도를 경솔히 변경할 수 없다."하고 홀로 반박하는 의논을 올렸으니 비록 다 따르지 않았으나 중지시켜 막은 바가 많았으므로 옛날 대신大臣의 기풍氣風이 있었다. 옥사獄事를 의정議定할 적에는 관용寬容으로써 주견主見을 삼아서 일찍이 사람들에게 이르기를, "차라리 형벌을 경輕하게 하여 실수할지언정 억울한 형벌을 할 수는 없다."하였다.

비록 늙었으나 손에서 책을 놓지 아니하였으며 항시 한쪽 눈을 번갈아 감아 시력視力을 기르고 비록 잔 글자라도 또한 읽기를 꺼리지 아니하였다. 재상宰相이 된 지 24년 동안에 중앙과 지방에서 우러러 바라보면서 모두 말하기를, 『어진 재상宰相』이라 하였다. 늙었는데도 기력氣力이 강건剛健하여 홍안 백발紅顏白髮을 바라다보면 신선神仙과 같았으므로 세상에서 그를 송宋나라 문 노공文潞公에 비하였다. 그러나 성품이 지나치게 관대寬大하여 제가齊家에 단점短點이 있었으며 청렴결백한 지조가 모자라서 정권政權을 오랫동안 잡고 있었으므로 자못 청렴하지 못하다[儘儘]는 비난이 있었다. 처妻의 형제兄弟인 양수楊修와 양치楊治의 법에 어긋난 일이 발각되자 황희는 이 일이 풍문風聞에서 나왔다고 글을 올려 변명하여 구救하였다. 또 그 아들 황치신黃致身에게 관청에서 몰수沒收한 과전科田을 바꾸어 주려고 하여 또한 글을 올려 청하기도 하였다. 또 황중생黃仲生이란 사람을 서자庶子로 삼아서 집안에 드나들게 했다가 후에 황중생이 죽을 죄를 범하자 곧 자기 아들이 아니라 하고는 변성變姓하여 조趙라고 하니 애석하게 여기는 사람이 많았다.

졸卒한 지 5일 만에 임금이 도승지都承旨 강맹경姜孟卿을 보내어 의정부議政府에 의논하기를, "황희를 세종世宗의 묘정廟庭에 배향配享시키려고 하는데 어떻겠는가?" 하니 김종서金宗瑞·정분鄭苯·허후許詡 등이 아뢰기를, "황희는 수상首相이 된 지 20여 년 동안에 비록 전쟁에서 세운 공로[汗馬之勞]는 없지마는 임금을 보좌한 공로는 매우 커서 대신大臣의 체통體統을 얻었으니 선왕先王에게 배향配享시킨다면 사람들의 청문聽聞에 충분할 것입니다."하였다.

명하여 세종의 묘정廟庭에 배향配享시키게 하고 익성翼成이란 시호諡號를 내렸으니 사려思慮가 심원深遠한 것이 익翼이고 재상宰相이 되어 종말까지 잘 마친 것이 성成이다. 아들은 황치신黃致身·황보신黃保身·황수신黃守身이다.

3. 방촌 황희 신도비神道碑

1) 신도비와 묘표문에 대한 이해와 해설

가. 방촌 황희의 신도비神道碑

신도비는 방촌 사후 48년만인 1500년 (연산군 6) 4월에 손자 근위장군 첨지중추부사 황사장黃事長에 의해 경기도 파주의 탄현면 금승리에 세워졌다. 비문은 영의정부사였던 신숙주가 지었고 글씨와 전액篆額은 동지중추부사였던 안침이 썼다.

나. 방촌 신도비가 갖는 문제

신도비 밑문에 신도비문에 으레 갖춰지는 명銘이 없다. 명이란 신도비 묘지墓誌등의 묘도문墓道文에서 고인이 남긴 자취를 찬미하는 뜻에서 4자구 등으로 짓는 운문韻文을 의미한다. 황희 신도비에는 이런 명이 없기 때문에 비신 상단에 익성공신도비翼成公神道碑라고만 새겨져 있고 명銘자는 없다.

다. 신도비 위치와 연혁

방촌 묘역으로 올라가는 길 오른 쪽 비각 안에 1500년에 세운 신도비와 1945년 다시 세운 신도비가 함께 서 있다. 또한 묘소 앞 오른 쪽에는

1824년에 세운 서면西面한 묘표가 서 있다. 당초 방촌 사망 후 처음 신숙주가 지은 묘표문을 새겨 묘앞에 세웠고 1500년 손자 황사장이 묘표문을 신도비문으로 삼아 신도비를 세웠다. 그 후 방촌 사망 후 373년 째 되는 1824년에 새로 묘표를 세웠으며 신도비를 세운지 445년째 되는 1945년 새로 신도비를 세운 것이다.

라. 신도비명神道碑銘이 없는 이유

신도비를 세운 1500년은 방촌이 사망한 지 이미 50년에 가까운 세월이 지난 때이다. 흔히 비명碑銘이란 그 대상자의 인간적 면모를 잘 아는 사람이 짓기 마련인데 1500년에는 이미 방촌을 아는 사람은 모두 사망하였기 때문이다.

따라서 손자인 황사장은 방촌의 신도비명을 새로 마련하지 않고 기존의 묘표문을 신도비문으로 삼아 비를 세운 것으로 파악된다. 이에 따라 1945년 황정연黃正淵의 주도로 명문이 딸린 새로운 신도비문을 중건한 것으로 보인다.

마. 비문을 지은 신숙주申叔舟

(1) 신숙주(1417~1475)는 본관이 고령이고 자는 범옹泛翁, 호는 희현당希賢堂 보한재保閑齋이다. 1438년 (세종 20) 생원 진사 양시에 합격하고 이듬해 친시문과에 을과로 급제하여 전농사직장이 되었고 1441년에는 집현전 부수찬이 되었다. 1442년에는 서장관으로 일본에 다녀왔다. 또한 훈민정음 창제 때 왕명으로 요동에 유배 중이던 명나라 언어학자 황찬의 도움을 얻기 위해 성삼문과 같이 13차례나 내왕했는데 황찬이 그의 뛰

어난 이해력에 크게 감탄 했던 것으로 유명하다.

(2) 1452년(문종 2) 수양대군이 사은사로 명나라에 갈 때 서장관으로 추천되어 그때부터 수양대군과의 특별한 유대가 맺어진 듯하다. 1455년 수양대군이 즉위한 후 동덕좌익공신의 호를 받았고 예문관 대제학이 되었다. 이어 주문사로 명에 가서 새왕의 고명誥命(임명장)을 청해 인준을 받아왔다. 1456년(세조 2) 병조판서, 곧이어 우찬성 대사성, 1457년에는 좌찬성을 거쳐 우의정에 오르고 1559년에는 좌의정에 이르렀다. 1462년에는 영의정부사에 오른다.

(3) 세조가 일찍이 "당 태종에게는 위징魏徵, 나에게는 숙주叔舟"라 할 정도로 세조와의 관계가 깊었다. 이런 관계는 사육신 생육신을 추앙하는 분위기에서는 비판의 대상이 되었으나 그의 정치적 학문적 영향력은 매우 컸다고 보여진다.

(4) 신숙주의 보한재집 권17에는 묘지 묘표 신도비 등 5편의 묘도문墓道文이 실려 있는 것으로 보아 그가 묘도문에 크게 뛰어났던 것은 아닌 것으로 보이나 5편 중 2편이 방촌의 묘지문과 묘표문인 것으로 보아 방촌과 신숙주와의 관계는 각별한 관계였던 것으로 추측된다.

(5) 이곳에는 1500년(연산군 6) 손자 근위장군 황사장이 묘표문을 참조하여 세운 신도비와 묘표문을 각각 한자 원문은 생략하고 번역문만 신는다. 이곳의 자료는 이완우 황희신도비에 대하여 제1회 방촌학술대회 발표논문을 참고 인용하였다.

바. 비문을 쓴 안침安琛

(1) 안침(1445~1515)은 조선전기 문신으로 본관은 순흥, 자는 자진子
珍, 호는 죽창竹窓·죽재竹齋이다. 1462년(세조 8) 생원진사 양과에 합격
하였고 1466년 왕이 강원도 행차하여 시행한 고성별시문과에 2등으로
급제하였다. 1471년(성종 2) 신설된 예문관에 당대 명사로 등용되었다.
1481년 성균관사성이 되었고 한때 임사홍의 간사함을 폭로하여 임금의
노여움을 사서 파직되었다.

(2) 1487년 양주목사로 나갔다가 1493년 이조참의를 거쳐 지중추부
사로서 천추사가 되어 명나라에 다녀왔다. 이듬해 대사헌을 역임하였다.
1514년(중종 9) 특별히 공조판서로 발탁되었으나 바로 병사하였다.

(3) 안침은 문장과 서예에 두루 능하였는데 당대를 대표하는 문인 명필
이었다. 오늘날 그의 묘도문의 쓴 글씨가 10여점 전하는데 글씨는 당시
에 유행하던 송설체松雪體류의 서풍이다. 그의 서풍은 전아典雅하고 정중
鄭重한 서풍으로 매우 점잖은 글씨로 알려져 있다.

2) 신도비명神道碑銘 (申叔舟 撰, 安琛 書, 篆)

공의 이름은 수노壽老였는데 뒤에 희喜로 고쳤다. 자는 구부懼夫이고 방촌厖村이라 자신의 호를 지었고 장수황씨이다. 증조부는 이름이 석부石富로 이조참의에 추증되었고 할아버지는 이름이 균비均庇로 의정부 참찬에 추증되었으며 아버지는 이름이 군서君瑞로 자헌대부 판강릉대도호부사를 지냈고 의정부 좌의정에 추증되었으며 어머니는 감문위 호군 용궁 김우金祐의 따님으로 원나라 지정至正 23년 계묘년(1363, 공민왕 12) 2월 초10일에 공을 낳았다.

공은 20세 전후에 생원시와 진사시에 합격하였고 마침내 대과에 합격한 뒤 미원薇垣(승정원)에 들어가 습유보궐拾遺補闕이 되었으며 형조·예조·병조·이조 등 4조 정랑을 거쳐 병조의랑兵曹議郎·우사간右司諫·좌부대언左副代言·참지의정부사參知議政府事를 역임하였다. 이어 외직으로 나가 평안도·강원도 2도의 관찰사를 지냈고 두 번 백부栢府(사헌부)의 장이 되었으며 세 번 전주銓注(전문형)를 맡았다. 6조의 판사判事를 거쳐 의정부에 들어가 참찬·찬성·우의정·좌의정·영의정에 이르렀으니 의정부에서 벼슬생활을 한 것만도 모두 24년이었다. 그동안 여러 차례 벼슬에서 물러날 것을 청하고 또 시를 지어 이 뜻을 나타내기도 하니, 임금께서는 부득이 한 달에 두 번만 입조하라 명하셨다. 그러나 공은 더욱 굳이 이를 사양하니 기사년(1449, 세종 31)에 영의정으로 치사致仕를 윤허하셨다. 그러나 큰일이 있으면 반드시 가까운 신하를 보내 그에게 물어본 뒤에 결정하셨다.

경태景泰 임신년(1452, 문종 2) 정월 일에 공이 처음 병을 얻자 임금께서 궁중의 의원를 보내 병을 보살피게 하셨고 대관大官으로 하여금 음식과 옷을 계속 보내도록 하였다. 다음날 2월 초8일에 별제別第의 정침正寢에서 생을 마치니 향년 90세이었다. 부음을 듣고 임금께서 크게 슬퍼하며 조회를 철하도록 하고 조문과 상례에 보내는 부의를 각별히 하셨다. 익성翼成이란 시호를 내리고 얼마 뒤에는 세종대왕 묘정廟庭에 배향하였다. 이해 월 일에 담당관리가 택일하고 장례에 드는 물품을 갖추어 원평부原平府 감물甘勿 지역의 언덕에 부인 양씨楊氏와 동분이실同墳異室의 묘소로 장사지냈으니, 이는 공의 뜻에 따른 것이다.

공은 용모가 뛰어나고 준수했으며 타고난 품성이 관대하고 부드러운데다 총명하고 학문을 좋아했으며 이것은 늙도록 조금도 변함이 없었다. 또 사도斯道(성리학)를 숭신하여 이단에 미혹함이 없었다. 부모를 섬기기를 항상 효로써 하였고 아래 사람을 정성으로 대하였다. 집안에서는 청렴하고 근신하게 지냈으나 친척 가운데 가난하고 홀로 외로이 사는 사람이 있으면 반드시 도움을 주었다. 식견이 심원하고 국량은 웅대하고 높아 바라다보면 마치 태산이나 황하처럼 보였으니, 중국사신도 그를 보고는 자기도 알지 못하는 사이에 공경하고 따르며 예모를 다하였다. 하위직의 관료로 있을 때부터 우뚝하여 이미 재상이 될 만한 인물로 기대되었다. 대간臺諫으로 있을 때에는 직언을 서슴지 않고 조금도 두려움을 피하지 않았으며 깊이 꼼꼼하게 따지지 않으면서도 일은 잘 처리하였다.

중앙과 지방의 벼슬을 두루 거치면서 이르는 곳마다 치적에 성과가 있

황희신도비(1500년, 경기기념물34호)

어 명성을 떨쳤다. 우리 태종과 세종께서 공에게 의지함이 특별하여 그 예우가 유달랐고 공이 두 번이나 상을 당했는데 그때마다 기복起復(상중의 신하를 기용하는 것)을 특별히 명하셨다. 무릇 특별한 일이나 국가의 중대사가 있을 때에는 반드시 공을 불러 의논하여 결정하였다. 세종께서는 공을 칭찬하여 "큰일을 잘 처단한다."고 하셨고 더욱이 공을 거북점이나 시초점처럼 앞일을 잘 예견하며 일을 처리함이 저울에 단 듯이 공정하게 잘 처리한다고 하셨다. 공은 오랫동안 정사를 맡아보면서도 조종의 법도를 근실하게 지키고 복잡하게 바꾸는 일을 일삼지 않았으며 혹 건의하여 법도를 변경하려는 사람이 있으면 힘을 다해 이를 만류하였다.

평생에 옛적의 감정을 품지 않았고 일을 처리함에 있어 원만함을 위주로 하여 남과 거스름이 없었으나 큰일을 의논할 때에는 옳고 그름을 면전에서 따졌고 일찍이 아무리 적은 것이라도 빌리지 않았다. 무릇 왕에게 올리는 상소와 건의안은 공이 모두 손수 썼는데 글 뜻이 유창하여 한번

황희신도비(1500년, 경기기념물34호)

만 읽어도 그 정성스러움을 느낄 수 있었다. 세상에서 우리 왕조의 어진 재상을 말할 때는 일찍이 공을 가장 으뜸으로 평가하지 않은 적이 없었다. 공의 장례일에는 귀천이 없이 모두 달려가 통곡하고 슬퍼했으며 여러 관서의 관리에서부터 종들에 이르기까지 모두 베와 재물을 내어 제례를 올렸는데 재물을 아끼지 않고 풍성하게 하기를 서로 경쟁이나 하듯 다투어 행하였다. 옛사람 가운데 한 지역의 한 읍에 사랑을 베푼 사람은 더러 있었으나 나라가 황황히 연모하기를 공처럼 한 것은 천고에 보기 드문 일이다.

염을 하려 할 때 이상한 기운이 정침正寢의 옥상에 덮여 있다가 염이 끝나자 흩어졌다. 대저 천지의 유행하는 기운이 땅에 있어서는 하천과 봉우리가 되고 사람에 있어서는 대인·군자가 되는 것은 같은데 공의 공훈과 덕은 세상을 덮고 몸은 하늘이 준 나이를 누렸으니 그 기운이 오고 가고와 모이고 흩어짐은 참으로 보통 사람들과 다르다는 것을 여기에서 징험하겠다.

공은 사복시 판사 최안崔安의 따님을 첫째 부인으로 맞이하여 1녀를 낳았다. 그 따님은 교동현사 서달徐達에게 출가하였다. 둘째 부인 청주양씨는 공조전서 양진楊震의 따님이다. 고려 찬성사 양지수楊之壽의 손녀이고 정승 양기楊起의 증손녀이며 또 밀직부사 선천주宣天柱의 외손녀이다. 근검하고 자혜로워 시부모를 섬김에 며느리의 도리를 다하였고 전처의 딸을 자기의 소생처럼 사랑했으며 여러 첩의 자녀와 종족 노비에까지 자애를 베풀어 남들의 군말이 없었다. 부인은 3남 1녀를 낳았는데 장남 황치신黃致身은 판중추부사이고 둘째 아들 황보신黃保身은 종친부 전첨典籤이며 셋째 아들 황수신黃守身은 영의정이고 딸은 강화도호부사 기질奇質에게 출가하였다. 손자는 남녀 합쳐 무릇 69명에 이르니 그 문벌의 성함은 비교할 곳이 드물다.

홍치 13년(1500, 연산군 6) 4월 길 손자 근위장군 첨지 중추부사 황사장黃事長 세움

4. 주요 참고문헌 목록

가. 사료

『조선왕조실록』

『방촌황희선생문집』 2001 장수황씨대종회 회상사

『방촌황희선생문집』 1980 장수황씨대종회 보전출판사

『반구정요람』 1991, 2001 장수황씨사목종중

『옥동서원지』 2019 옥동서원

나. 단행본

1) 조선 초기 역사

『방촌황희선생의 사상과 얼』 1994 파주문화원

명재상『방촌 황희의 삶과 사상』 2008 파주문화원

황영선『황희의 생애와 사상』 1998 국학자료원

황대연『공작은 날 거미줄만 먹고도 산다』 2004 공옥출판사

오기수『황희 민본시대를 이끈 행복한 2인자』 2017 고반

오기수『백성의신 황희』 2018 어울림

김선『황희정승』 (상·중·하) 1993 진화당

한충희『조선의 패왕 태종』 2014 계명대출판부

이한우『태종 조선의 길을 열다』 2005 해냄

이한우『세종 조선의 표준을 세우다』 2006 해냄

이한우 『세종 그가 바로 조선이다』 2003 동방미디어

이한 『나는 조선이다』 2007 청아출판사

정두희 『조선시대 인물의 재발견』 1997 일조각

이상각 『이도 세종대왕』 2008 추수밭

박영규 『세종대왕실록』 2008 웅진지식하우스

홍이섭 『세종대왕』 2011 세종대왕기념사업회

박진아 『대화의 달인 황희에게서 배우는 소통의 철학』 2015 학지사

최한섭 『조선시대 청백리열전』 2013 한올

박현모 『세종처럼』 2008 미다스북스

박현모 『세종이라면』 2014 미다스북스

박현모 『세종 실록 밖으로 행차하다』 2007 푸른역사

김준태 『탁월한 조정자들』 2017 교보문고

박시백 『조선왕조실록(태종실록, 세종 문종실록)』 2015 휴머니스트

정윤재 『세종의 국가경영』 2006 지식산업사

정윤재 『세종리더십의 가치』 2014 한국학중앙연구원출판부

정윤재 『세종과 재상 그들의 리더십』 2010 서해문집

정도상 『백성을 섬긴 왕, 세종이 꿈꾼 나라』 2009 시대의창

서정민 『세종, 부패사건에 휘말리다』 2008 살림

정구선 『조선은 뇌물천하였다』 2012 팬덤북스

이성무 『조선왕조실록 어떤 책인가』 1999 동방미디어

이영관 『조선견문록』 2006 청아출판사

송은명 『역사를 뒤바꾼 위대한 이인자』 2012 시아

박윤규 『우리역사를 움직인 20인의 재상』 1999 미래M&B

박기현 『조선의 킹메이커』 2008 역사의 아침

김진섭 『조선건국기 재상열전』 1998 지성사

신연우 『제왕들의 책사』 2001 생각하는 백성

이준구『조선의 정승』2006 스타북스

윤재운『한국사를 움직인 100인』2010 청아출판사

김형광『인물로 보는 조선사』2012 시아

김형광『조선 인물전』2007 시아

존 던컨 김범옮김『조선왕조의 기원』2013 너머북스

2) 시·문학

최동원『고시조론』1997 삼영사

최동원『고시조논고』1990 삼영사

신연우『사대부 시조와 유학적 일상성』2000 이회

신연우『조선조 사대부 시조문학 연구』1997 도서출판박이정

황충기『청구영언』2006 푸른사상사

황충기『조선시대 연시조 주해』2009 푸른사상

양희철『연시조작품론일반』2016 월인

정민『우리 한시 삼백수』2013 김영사

정민『한시미학산책』2010 휴머니스트

황영하『지천집』2017 서라벌이앤피

이동륜『파주예찬(1, 2)』2012, 2013 한국문인협회파주지부

이임수『한국시가문학사』2014 보고사

이병한『당시선 서울대출판부』2009

조두현『한시의 이해』1976 일지사

3) 논문

『조선 초기 정치 지배 세력 연구』정두희 1983 박사학위논문

『조선조 사대부 시조의 이치-흥취 구현 양상과 의미 연구』신연우 1994 박사

학위논문

『조선시대 사족층의 시조와 일상성 담론』 임주탁 2010 한국시가연구 제29집

수록논문

『세종의 정치리더십 과정 연구』 정윤재 2007 동양정치사상사게재논문

『조선초기 家와 國家에 관한 논쟁』 이한수 2002 역사와사회 제3권 28집

『황희정승의 청백리정신 재조명 학술대회 발표논문』 1994 문화체육부

(1) 황희의 정치가로서의 역할 정두희

(2) 청백리 황희정승의 생애와 문치사상의 실천 정주영

(3) 황희의 청백리정신과 오늘의 공직윤리 이서행

『조선후기 사대부계층의 황희에 대한 인식과 야담』 나종현 2016 (사)방촌황희
선생사상연구회연구지원논문

『방촌 황희와 세종』 황인천 2016 제2회 방촌학술대회발표논문

『황희 정승에 대한 청백리 논란』 황주연 2016 제2회 방촌학술대회 발표논문

5. 방촌 황희 관련 사료 및 도서목록(2020)

필자는 2003년 이래 꾸준히 방촌 관련 사료와 현대 출간된 문헌을 수집 정리하여 왔다. 특히 방촌 황희 연구원이 2013년 설립된 이래 매년 학술대회를 개최하여 오고 있어 방촌 관련 자료들이 질적으로 크게 향상되어 다행으로 생각한다. 본 목록은 현재까지 발간된 대부분 문서를 포함하고 있다고 느끼고 있다. 동 자료들을 모두 소장 정리하고 있음으로 방촌 관련 연구자나 관심 있는 분에게 열람과 대여를 환영한다. 또한 앞으로도 계속 방촌 관련 사료들을 수집 정리하여 이어 갈 것임을 알려 드린다.

가. 기본 중요 문서

1) 문집 및 요람

『방촌황희선생실기』상하 황정연 1925

『방촌선생연보』목판본 1896

『열성공연보』목판본 1896

『방촌황희선생문집』1980 문집간행위원회

『방촌황희선생문집』2001 문집간행위원회

『반구정요람』1991 장수황씨사목종중위원회

『반구정요람』2002 반구정성역화추진위원회

『옥동서원지』2019 옥동서원

2) 세보 및 관련 도서

『장수황씨세보 (소윤공파)』1960

『장수황씨세보(소윤공파) 1,2,3,4,5권』1981

『장수황씨세보 1권 총편』2000

『장수황씨세보 6,7,8권 (소윤공파)』2000

『장수황씨세보 공5권』2000

『장수황씨사목종중가계도』

『황씨명현록』1997 한국황씨중앙종친회

『황씨종보』1997 한국황씨중앙종친회

『가례 보학편람』1997 한국황씨중앙종친회

『한국인의 뿌리』1988 한국성보편찬위원회 정우사

『조선의 왕을 말하다 1,2』이덕일 2012 역사의 아침

『한국인의 족보(가승보)』1980 한국인의 족보편찬위원회 일신각

『한국성씨보감』2011 은광사

『전국전승가훈전 백상기념사업회』 1986 한국일보사

『성씨의 고향』 중앙일보사

『삼공대역신서』 조성우 1985 명문당

『황씨의 역사와 개량예법 재생사』

3) 실록 및 관련도서

『조선왕조실록 1권~48권』 영인본 국사편찬위원회

『승정원 사초 (영인본) (정서본)』 2004 서울 역사박물관

『태조강헌대왕실록 1,2,3』 1972 세종대왕기념사업회

『한권으로 읽는 세종대왕실록』 박영규 2012 웅진지식하우스

『조선왕조실록 어떤 책인가』 이성무 1999 동방미디어

『조선왕조실록으로 오늘을 읽는다』 이남희 2014 다할미디어

나. 방촌 황희 연구서 및 단행본
1) 연구서 (방촌 연구에 초점을 맞춘 단행본)

『황희의 생애와 사상』 황영선 1998 국학자료원

『공작은 날거미줄 만 먹고도 산다』 황대연 2004 공옥출판사

『명재상 방촌 황희의 삶과 사상』 2008 파주문화원

『방촌황희평전』 이성무 2014 민음사

『대화의 달인 황희에게서 배우는 소통의 철학』 2015 학지사

『황희 민본시대를 이끈 행복한 2인자』 오기수 2017 고반

2) 소설 및 만화

『소설 황희정승 1,2,3』 김선 1993 진화당

『소설 백성의 臣 황희』오기수2018 어울림

『소설 사대부 만대산의 후예들』2010 황금두뇌

『대하역사만화 조선왕조실록 1~20』박시백 2014 휴머니스트

『박시백의 조선왕조실록 4 세종문종실록』박시백 2015 휴머니스트

『박시백의 조선왕조실록사전』휴머니스트편집부 2014 휴머니스트

3) 소책자

『방촌선조유적지약사』황의혁 1993 장수황씨소윤공파종회

『방촌일화집 황희정승』이종경 1993 장수황씨대종회

『방촌 황희선생의 사상과 얼』이혜화 1994 파주문화원

『2월의 문화인물 황희』민현구 한국문화예술진흥원

『황희선생유적지』황희선생유적지관리사무소

4) 교양서 (방촌에 대한 내용이 기술되어 있는 단행본)

(1) 조선의 재상을 다룬 단행본

『조선시대 인물의 재발견』정두희 1997 일조각

『세종과 재상 그들의 리더십』정윤재외 2010 서해문집

『조선의 정승』이준구외 2013 스타북스

『조선인물전』김형광 2007 시아출판사

『역사를 뒤바꾼 위대한 이인자』송은명 2012 시아

『조선건국기 재상열전』김진섭 1998 지성사

『우리역사를 움직인 20인의 재상』박윤규 1999 미래 M&B

『제왕들의 책사』신연우외 2007 생각하는 백성

『조선참모실록』박기현 2010 역사의 아침

『조선의 킹메이커』박기현 2008 역사의 아침

『왕과 나』이덕일 2013 역사의 아침

(2) 태종에 대한 연구 단행본

『조선의 패왕』태종 한충희 2014 계명대학교 출판부

『태종 조선의 길을 열다』이한우 2005 해냄

(3) 세종에 대한 연구 단행본

『세종대왕』홍이섭 2011 세종대왕기념사업회

『세종대왕 15세기 한국의 빛』김영기 1998 신구문화사

『세종처럼 소통과 헌신의 리더십』박현모 2009 미다스북스

『세종이라면 오래된 미래의 리더십』박현모 2014 미다스북스

『세종 실록 밖으로 행차하다』박현모 2012 푸른역사

『세종 리더십의 핵심가치』정윤재외 2014 한국학중앙연구원

『백성을 섬긴 왕 세종이 꿈꾼 나라』정도상외 2009 시대의 창

『이도 세종대왕 조선의 크리에이터』이상각 2008 추수밭

『세종 그가 바로 조선이다』이한우 2003 동방미디어

『세종 조선의 표준을 세우다』이한우 2012 해냄

『세종 나는 조선이다』이한 2008 청아출판사

『세종의 국가경영』정윤재외 2006 지식산업사

『세종 부패사건에 휘말리다』서정민 2008 살림

(4) 방촌 시와 시조 관련 단행본

『고시조론』최동원 1997 삼영사

『고시조논고』최동원1990 삼영사

『사대부 시조와 유학적 일상성』신연우 2000 이회

『조선조 사대부 시조문학 연구』신연우1997 도서출판 박이정

『청구영언』황충기 2006 푸른사상

『조선시대 연시조주해』황충기 2009 푸른사상

『우리한시 삼백수』정민 2014 김영사

『한시미학산책』정민 2010 휴머니스트

『파주예찬 옛길에서 한시를 만나다』2012 한국문인협회파주지부

『파주예찬 옛사람의 한시를 외우며』2013 한국문인협회파주지부

『지천집』황영하 2017 서라벌이앤피

『연시조작품론일반』양희철 2016 월인

『한국시가문학사』이임수 2014 보고사

『당시선』이병한외 2009 서울대학교출판부

『문장혁신』우명푸 2014 글항아리

『남효온의 삶과 시』김성언 1997 태학사

『한국시조작가론』1999 국학자료원

『한시의 이해』조구현 1976 일지사

(5) 조선초기의 역사 사회 관련 단행본

『매천집 1,2,3,4』황현 2010 한국고전번역원

『조선시대 청백리열전』최한섭외 2013 한올

『조선왕조사』이근호 2013 청아출판사

『이야기 조선왕조사』서정우 1996 푸른숲

『인물로 보는 조선사』김형광 2012 시아

『역사 속의 인물 엿보기』참교육기획 1999 유원

『조선 시대 인물 기행』홍일표 2005 화남

『조선야사』김형광 2012 시아

『한국사를 움직인 100인』윤재운 2010 청아출판사

『조선왕조의 기원』존 B. 던컨 2013 너머북스

『왕의 하루』 이한우 2012 김영사

『왕의 경영 정조가 묻고 세종이 답하다』 김준태 2012 다산북스

『조선의 왕 조선시대 왕과 왕실문화』 신명호 1998 가람기획

『조선의 왕을 말한다』 1,2 이덕일 2010 역사의 아침

『왕에게 고하라 상소문에 비친 조선의 자화상』 이호선 2010 평단

『논쟁으로 본 조선』 이한 2014 청아출판사

『삼가 전하께 아뢰옵니다 상소로 보는 조선의 역사』 홍서여 2005 청조사

『조선견문록』 이영관 2006 청아출판사

『조선은 뇌물 천하였다』 정구선 2012 팬덤북스

『김종서와 조선의 눈물』 이덕일 2011 옥당

『탁월한 조정자들』 김준태 2017 교보문고

(6) 기타 관련 교양서

『나무야나무야』 신영복 2012 돌베게

『술의 여행』 허시명 2010 예담

『어린이에게 길을 묻다』 황오주 2014 희망사업단

『해원문고』 황의돈 2007 문원사

『한국의 국무총리연구』 이재원 1998 나남출판

『풍도의 길』 도나미마모루 2003 소나무

다. (사)방촌황희연구원 학술총서 수록 연구논문
1) 제1집 『방촌 황희 묘역의 문화적 가치』 2017

『방촌 황희의 생애와 사상』 이현수 2015 제1회방촌학술대회발표논문

『방촌 황희 묘제의 특성과 문화적 가치』 정종수 2015 제1회방촌학술대회논문

『황희 신도비에 대하여』 이완우 2015

『방촌 부조묘, 영신원의 문화적 가치』황의동 2015

『반구정의 역사와 시문에 대한 고찰』신익철 2015 제1회방촌학술대회발표논문

『방촌 황희 연구의 동향과 연구자료 검토』성봉현 2015 제1회방촌학술대회발표
논문

『방촌 황희선생의 묘의 제향의례』권효숙 2015

『파주와 방촌 황희 이윤희』2015 제1회방촌학술대회발표논문

2) 제2집 『방촌 황희 학문과 사상』 2017

『황희 정치가로서의 역할』정두희 1996

『조선조의 명재상 방촌 황희와 사상』오병무 1998

『방촌 황희의 경세사상과 그 의의』이영자 2012

『조선태종대 방촌 황희의 정치적 활동』소종 2015

『조선세종대 정치문화와 재상 황희의 역할』이민정 2016 제2회 방촌학술대회
발표논문

『방촌 황희에 청백리 논란에 대한 재검토』이영춘 2016 방촌연구원연구지원논문

『조세의 중립과 공평을 추구한 황희의 위민정신』오기수 2014

『세종대 공법제정에서 황희의 역할』이민우 2016 제2회 방촌학술대회발표논문

『강호사시가와 사시가의 서정양상』조성래 2001

『황희 설화의 전승 양식과 역사적 의미』김낙효 2000

3) 제3집 『백성의 臣 황희와 그 후예들』 2018

『오늘의 한국사회와 방촌 황희』최영찬 2018 제4회 방촌학술대회발표논문

『방촌 황희의 경세사상』지두환 2018 제4회 방촌학술대회발표논문

『경세가 방촌 황희』오기수 2018 제4회 방촌학술대회발표논문

『인간 황희』황의동 2018 제4회 방촌학술대화발표논문

『황희 그역사적평가와 위상에대한일고찰』최영성 2018 제4회 방촌학술대회

발표논문

『경인통신사 황윤길의 역사적 재조명』 정구복 2018 방촌연구원학술대회발표논문

『기해사행통신부사 황선의 관직생활』 임선빈 2018 방촌연구원학술대회발표논문

『무민공 황진장군의 생애와 구국활동』 하태규 2018 방촌연구원학술대회발표논문

『당촌 황위의 생애와 학문』 황의열 2018 방촌연구원학술대회발표논문

『옥동서원의 존재의의』 권태을 2018 옥공서원학술대회발표논문

『반간 황유의 학문과 사상』 성봉현 2018 옥동서원학술대회발표논문

『화재 황익재의 삶과 학문경향』 황만기 2018 옥동서원학술대회발표논문

4) 제4집 방촌 황희와 서원 2020

『방촌 황희의 생애와 현실인식』 김경수 2017 제3회 방촌학술대회발표논문

『방촌 황희와 유교』 황의동 2019 옥동서원학술대회발표논문

『방촌 황희의 예인식과 현대사회』 한기범 2017 제3회 방촌학술대회발표논문

『방촌 황희의 정승리더십 연구』 박현모 2019 제5회 방촌학술대회발표논문

『황희 정승 납거미 유언 설화고』 황인덕 2017 제3회 방촌학술대회발표논문

『옥동서원의 학맥과 학풍』 이해준 2019 옥동서원학술대회발표논문

『축옹 황효원의 삶과 문학에 대한 조명』 이규필 2019 태악서원학술대회발표논문

『태악서원의 역사와 그 의의』 이해준 2019 태악서원학술대회발표논문

『율촌 박배의 생애와 학문』 곽호재 2019 태악서원학술대회발표논문

『지천 황정욱의 생애와 현실인식』 김경수 2019 제5회 방촌학술대회발표논문

『지천 황정욱 문학에 나타나는 강건』 이재숙 2019 제5회 방촌학술대회발표논문

『독석 황혁의 시대상항과 생애』 김문준 2019 제5회 방촌학술대회발표논문

『강한 황경원 시세계』 유영봉 2019 제5회 방촌학술대회발표논문

라. 방촌유적지관련자료

1) 파주유적지 국가사적 추진위원회 자료집 2016

『방촌 황희 연구사』 88권 도서 및 논문제목

『승정원일기』 방촌 황희 관련 한글번역문

『일성록』 방촌 황희관련 한글번역문

『한국역사정보통합시스템』 방촌 황희 관련 고문서 리스트

『고문서』 파주사목종중보관 리스트 및 고문서 사본

『고전 원문』 고려사절요 등 고전원문 사본

『한국문집총간』 방촌 황희 관련 문서

『조선왕조실록』 방촌 황희 관련 내용 한글번역문

『고전번역서 1,2』 고전 원문 한글번역문

2) 기타 방촌유적지 관련자료

『한성판윤전 1997 서울특별시립박물관

『역사속의 임진강 2002 파주문화원

『임진강 2009 경기도박물관

『임진강 1,2,3 2001 경기도박물관

『한강 1,2,3 2002 경기도박물관

『반구정 방촌영당 묘역 유적정비사업 기술조사계획보고서 1996 파주시

마. 논문

『조선초기 정치지배세력 연구』 정두희 박사논문 1983 서강대학교

『조선조사대부시조의이치-홍취구현양상과의미연구』 신연우 박사논문 1994 한국정신문화원

『조선시대 사족층의 시조와 일상성 담론』 임주탁 2010 한국시가연구 제29집

수록논문

『세종의 정치리더십 과정 연구』 정윤재 2007 동양정치사상사게재논문

『조선초기 家와 國家에 관한 논쟁』 이한수 2002 역사와사회 제3권 28집

『황희정승의 청백리정신 재조명 학술대회발표논문』 1994 문화체육부

(1) 『황희의 정치가로서의 역할』 정두희

(2) 『청백리 황희정승의 생애와 문치사상의 실천』 정주영

(3) 『황희의 청백리정신과 오늘의 공직윤리』 이서행

『조선후기 사대부계층의 황희에 대한 인식과 야담』

『방촌 황희와 세종 황인천』 2016 제2회 방촌학술대회발표논문

『황희 정승에 대한 청백리 논란』 황주연 2016 제2회 방촌학술대회발표논문

바. 방촌관련자료집

1) 장수황씨세보 상식편람 (복사본철)

2) 장수황씨승지공파보 (복사본철)

3) 2012년도 방촌관련자료집 (2012)

(1) 『방촌 황희』 네이버 2006

(2) 『황희정승의 정치사상』 네이버 2005

(3) 『황희의 약력과 일화』 네이버 2004

(4) 『황희 정승에 대한 일화들』 네이버 2004

(5) 『황희 이야기』 네이버 2006

(6) 『황희정승의 지혜가 필요하다.』 네이버 2005

(7) 『명재상 황희에 대한 사관 이호문의 낚시』 네이버 2008

(8) 『황희 정승이 청렴결백하지 않다구요』 네이버 2003

(9) 『오늘 이 도둑놈을 보내노라』 박상도 2012

(10) 『황희의 교육진흥론』 2008

(11) 『황희를 중용한 이유 세종처럼 박현모 2008

(12) 『대쵸볼 붉은 골에 인터넷(고시조) 2008

(13) 『대추볼 붉은 골에』 인터넷(고시조) 2012

(14) 『정지상의 송인』 인터넷(고전시가) 2012

(15) 『조선의 양명학과 강화학파』 이용규 2012

4) 2014년도 방촌관련자료집 1권 (2014-1)

(1) 『방촌 황희의 삶과 시』 황인천 2014

(2) 『방촌 시조에 대한 소고』 황인천 2014

(3) 『뿌리공원 장수황씨유래비문(초안)』 황인천 2014

(4) 『장수황씨 후손들이 반구정하에 근거지를 둔 유래』 황유연 2014

(5) 『익성공 황희정승』 이현수 2005 뿌리회답사자료집

(6) 『세종의 정치와 문화』 이은순 2014

(7) 『청백리황희의 모독에 대한 규탄문』 장수황씨대종회 2013

(8) 『방촌황희선조님에 대한 괴담과 진실』 황주연 2013

(9) 『세종의 재상들 황희와 허조에 대한 평가』 박현모 세종이라면 2014

(10) 『명성황후 민비』 이은순 2014

5) 2014년도 방촌관련자료집 2권 (2014-2)

(1) 『황희』 위키백과 2014

(2) 『황희 정승에 대해 조사』 네이버 2014

(3) 『소신과 관용의 리더십을 갖춘 명재상 황희』 이근호 네이버 2014

(4) 『조선 초 박석명은』 다음 2014

(5) 『태종』 두산백과 2014

(6) 『태종의 선물』 황희 마르세리안 2014

(7) 『태종 때 황희의 관직』 네이버 2014

(8) 『인물황희정승 이해』 다음아고라 2014

(9) 『황희에 대해서』 다음루리웹 2014

(10) 『황희와 반구정유감』 다음카페 2014

(11) 『고시조관련자료』

(12) 『재상의 자격』 김석근 다음 2014

(13) 『조선왕조실록』 황맹헌관련 한글번역본 2012

6) 2015년도 방촌관련자료집 1권 (2015-1)

(1) 『조선조사대부 시조문학연구』 신연우 1997 도서출판박이정)

(2) 『강호사시가와 사시가의 서정양식』 조성래 2001 어문논총 제17집

(3) 『조선시대 사족층의 시조와 일상성담론』 임주탁 2010 한국시가연구 제29집)

7) 2015년도 방촌관련자료집 2권 (2015-2)

(1) 『고시조론』 최동원 1990 삼영사

(2) 『황희정승의 청백리정신의 재조명』 학술대회 1994.2.16 문화체육부

　　　『황희의 정치가로서의 역할』 정두희

　　　『청백리 황희정승의 생애와 문치사상의 실천』 정주영

　　　『황희의 청백리 정신과 오늘의 공직윤리』 이서행

(3) 『조선초기 '家'와 '國家'에 관한 논쟁』 이한수 2002 역사와 사회 제3권 28집

(4) 『세종의 정치리더십 과정 연구』 정윤재 2007 동양정치사상사

8) 2015년도 방촌관련자료집 3권 (2015-3)

(1) 『배자예부운략 선암서원장판예부운략에 대해서』 유창균 1979 단국대퇴계학

　　　고문서보관소

(2) 『방촌 황희와 파주관련성 고찰』 이윤희 2015

(3) 『장수황씨유래』(대전뿌리공원제출 최종분) 대종회 2015

(4) 『이성무 방촌사상연구회』 항의서한 답신 2015

(5) 『방촌황희평전의 황당한 오류』 황주연 2015

(6) 『황희정승에 대한 청백리 논란』 황주연 2015

(7) 『세종실록 이호문의 사초』 황주연 2015

(8) 『너도 옳고 너 또한 옳다』 유성선 강원대신문 2015

(9) 『대신-사초를 고처라 조선왕조실록 어떤 책인가』 이성무 1999 동방미디어

(10) 『세종의재상들 황희와 허조에 대한 평가 세종이라면』 박현모 2014 미다스북스

(11) 『매천황현의 절명시에 덧붙이다』 송문호 2014 겨울구례소식

(12) 『다산의 생애와 사상』 박석무 2015

9) 2016년도 방촌관련자료집 (2016)

(1) 『세종대 공법 제정에서 황희의 역할』 이민우 2016 방촌사상연구회지원논문

(2) 『조선 세종대 정치문화와 재상 황희의 역할』 이민정 2016 방촌사상연구회
    지원논문

(3) 『조선후기사대부계층의 황희에 대한 인식과 야담』 나종현 2016 방촌사상연
    구회지원논문

(4) 『세종이 방촌황희를 신임한 이유』 황인천 2016 파주시민회보

(5) 『방촌황희선생』 민현구 1994

(6) 『황희정승』 한상우 도성회보

(7) 『황희의 저주』 김종성 2014 오마이뉴스

(8) 『탐관오리 황희 진실일까』 이문영 2016 MK프리미엄뉴스

(9) 『장영실 뒤의 세종에게 주목해야하는 까닭』 이한우 2016 조선일보

(10) 『청백리의 귀감 황희』 신학균

(11) 『민족문화의 창달』

(12) 『장수황씨 사정공파 문경』 한두리의 내력

10) 2017년도 방촌관련자료집 (2017)

(1) 『배자예부운략』 한국민족문화대백과사전

(2) 『조선의 운서연구 1』 강정진 1993 부산대 중국어문논집 제8집

(3) 『조선의 운서연구 2』 강정진 1999 부산대 인문논총 제54집

(4) 『조선의 운서연구 3』 강정진 2003 부산대 인문논총 제59집

사. 테이프

사서 1집 대학(1~5) 동양고전연구회

사서 2집 중용 (1~5) 동양고전연구회

고문진보대전 (1~5) 동양고전연구회

당시선 제1집(1~3) 1992 동양고전연구회